Wilhelm Wattenbach

Anleitung zur lateinischen Paeographie

Wilhelm Wattenbach

Anleitung zur lateinischen Paeographie

ISBN/EAN: 9783744637572

Hergestellt in Europa, USA, Kanada, Australien, Japan

Cover: Foto ©Andreas Hilbeck / pixelio.de

Weitere Bücher finden Sie auf **www.hansebooks.com**

ANLEITUNG

ZUR

ISCHEN PALAEOGRAP

VON

W. WATTENBACH.

Vierte, verbesserte Auflage.

ANLEITUNG

ZUR

LATEINISCHEN PALAEOGRAPHIE

VON

W. WATTENBACH.

Vierte, verbesserte Auflage.

LEIPZIG

VERLAG VON S. HIRZEL

MDCCCLXXXVI.

Druck von J. B. Hirschfeld in Leipzig.

VORWORT.

Die autographierten Blätter, welche ich hier der Oeffentlichkeit übergebe, hatten ursprünglich eine solche Bestimmung nicht. Nur handschriftlich vorhanden, dienten sie zur Unterstützung meiner Vorträge über lateinische Paläographie, und waren lediglich aus dem Bedürfniss der Zeitersparung hervorgegangen. Autographiert wurden sie zuerst auf den Wunsch meiner Zuhörer im Jahre 1866, und ich würde sie schon damals dem Buchhandel übergeben haben, wenn nicht die Zeitverhältnisse es unmöglich gemacht hätten. Nur eine kleine Anzahl von Exemplaren konnte ich dem Germanischen Museum zu Nürnberg zustellen; sie war im Anfang des Jahres 1869 erschöpft, und da es an Nachfrage nicht fehlte, habe ich mich zu einer neuen Bearbeitung entschlossen. Deutlich genug hat es sich herausgestellt, dass ein Bedürfniss nach einem solchen Hülfsmittel vorhanden ist, und dass auch die Mangelhaftigkeit dieses Versuches nicht abschreckend wirkte. Seit der ersten Veröffentlichung desselben ist nun freilich durch mein Buch über das Schriftwesen im Mittelalter (1871, zweite Auflage 1875) eine sehr nothwendige Ergänzung dazugekommen, allein es fehlt noch immer die historische Entwickelung der Veränderungen des ganzen Schriftencharakters, welche beim Vortrag durch Vorzeigung von Proben sich mit Leichtigkeit anschaulich machen lässt; und wenn ich auch jetzt in der Einleitung diesen Gegenstand etwas eingehender behandelt habe, so musste ich mich doch auf einen kurzen Umriss beschränken und konnte nicht viel mehr bieten, als zum Verständniss der folgenden Blätter durchaus unentbehrlich ist. Am schmerzlichsten vermisste bisher der Anfänger auf diesem Gebiete eine zweckmässig ausgewählte Folge von Schriftproben, deren er sich zu seinen Studien bedienen konnte; diesem Bedürfniss aber ist jetzt abgeholfen durch die Schrifttafeln zum Gebrauch bei Vorlesungen und zum Selbstunterricht herausgegeben von W. Arndt, Berlin 1874 und 1878. Auf diese beziehe ich mich vorzüglich, auch ohne immer die einzelnen Tafeln anzuführen. Von anderen nachgerade in zahlloser Menge vorhandenen Schriftproben führe ich die wichtigeren an, ohne jedoch hier nach Vollständigkeit zu streben; ein jeder wird die ihm zugänglichen leicht einreihen können. In Bezug auf die autographierten Blätter ist es vielleicht nicht überflüssig zu bemerken, dass es keineswegs darauf abgesehen war, die erstaunliche Mannigfaltigkeit der Schriftformen auch nur annähernd zu erschöpfen, sondern nur die wesentlichsten Formen hervorzuheben; auch kann, da alle Nachbildungen aus freier Hand gezeichnet sind, auf vollständig genaue Uebereinstimmung mit den Originalen kein Anspruch gemacht werden. Für diese vierte Ausgabe sind jene Blätter wieder vollständig neu bearbeitet worden.

Berlin im Mai 1886.

W. Wattenbach.

INHALTSVERZEICHNISS.

NACHTRAG ZU S. 6.

Dieselben Umstände, welche Zweifel an dem hohen Alter des Hamiltonschen Evangelium und des Utrechter Psalters erwecken, die Anwendung der Abkürzungen für us und ur, und der Interpunction des Punctes mit darüber gesetztem, nach rechts geneigtem Strich, finden sich auch in den tironisch geschriebenen Psaltern von Wolfenbüttel und von Saint Germain (hier wenigstens nach Kopp die Interpunction), welche in das siebente Jahrhundert gesetzt werden.

Die Hauptgattungen lateinischer Schrift.

I

Capitalschrift.

Die Capitalschrift, welche den Steinschriften der Augusteischen Zeit
am meisten sich nähert, ist in einzelnen vollständigen Handschriften und
vielen Fragmenten uns erhalten. Reiche Beiträge haben die Palimpseste ge-
liefert. Noch haben D E M Q ihre Normalform, und nur ausnahmsweise
kommen Abweichungen von der gleichen Höhe aller Buchstaben vor.

Die zahlreich vorhandenen älteren Nachbildungen dieser Schriftgattung
haben, da sie auf Nachzeichnung beruhen, nicht die unbedingte Zuverlässigkeit,
welche nur photographisch zu erreichen ist. Es kommen daher, während
früher vorzüglich auf die Publicationen von A. Mai und Silvestre zu verweisen war, jetzt vornehmlich in Betracht die Tafeln der Londoner Palaeographical Society (deren erster Band jetzt systematisch geordnet ist) und
die systematische Sammlung: Exempla codicum Latinorum litteris majusculis
scriptorum. Ediderunt C. Zangemeister et Guil. Wattenbach. Heidelb.
1876; Supplementum 1879. Die photographische Aufnahme lässt namentlich
auch spätere Zuthaten, wie die Interpunctionen in einigen Handschriften, als
solche erkennen. Vortreffliche Proben bietet auch die Paléographie des Classiques Latins von Chatelain, 1884 ff. Hervorzuheben ist noch die Schrift
von G. H. Pertz, Ueber ein Fragment des Livius (rect. Sallust) in den Abhandlungen der Berliner Akademie von 1847, mit dem Facsimile, welches wieder-

holt ist in Sallustii opera ed. Kritz, Vol. III. Die Schrift ist vorzüglich schön und merkwürdig, eine photographische Aufnahme aber nicht mehr möglich.

Zu dieser Schriftgattung gehören auch die wenigen Fragmente lateinischer Schrift in den Herculanensischen Papyrusrollen, doch nicht alle, und gerade daraus sehen wir, dass schon so früh eine Einmischung von Cursivformen und ein Uebergang zur Uncialform auch in Abschriften litterarischer Werke stattgefunden hat. Der Zustand dieser Fragmente lässt aber nur eine Nachzeichnung zu, und bei der Undeutlichkeit der Schriftzüge auf dem verkohlten Papyrus ist zuverlässige Genauigkeit nicht zu erreichen. Die in den Volumina Herculan. II. facsimilierten Fragmente des Gedichts de bello Actiaco, die Tafeln I—III der Exempla, die Tafeln XIII und XVI—XVIII bei Sir Humphry Davy: Some observations on the Papyri found in the ruins of Herculaneum (Philosophical transactions of the Royal Society of London for the year 1821, Part I) zeigen jedoch, dass durchweg die Formen der Buchstaben sich weiter von der Normalform entfernen, als es in den Pergamenthandschriften der Fall ist. Die leichtere und flüchtigere Schrift auf dem zarteren Material wird in dieser Richtung eingewirkt haben. Eine Nachbildung in Farben, aber wenig genau, ist im Museo Borbonico XVI, 25.

Schon hieraus ergiebt sich, wie unbegründet es ist, aus der grösseren Reinheit der Schrift ein höheres Alter folgern zu wollen. Sie wurde zu einer kalligraphisch ausgebildeten und absichtlich festgehaltenen Kunstform, welche man für Prachthandschriften anwandte, nachdem schon lange auch andere Schriftgattungen üblich waren; zahlreiche nie verbesserte Fehler solcher Handschriften bezeugen, wie wenig sie benutzt sind. Vorzüglich für Vergilhandschriften scheint man wegen der hohen Verehrung des Dichters die Capitalschrift vorwiegend angewandt zu haben, oder vielmehr, es haben sich gerade solche wegen ihrer besonderen Schönheit erhalten. Unter diesen ist der berühmte Mediceo-Laurentianus (Ex. t. X) in einer gefälligen, nicht übermässig grossen Schrift, für wirklichen Gebrauch bestimmt gewesen und auch mit Scholien versehen; er enthält eine Unterschrift in Uncialen, welche die Entstehung der Handschrift erst in die Zeit Odoacar's setzen würde. Allein ein

Blick auf dieselbe (facs. Pal. Soc. pl. 86) lehrt, dass sie nicht ursprünglich zu dieser Handschrift gehört, sondern nachträglich zugesetzt ist; vgl. Ribbeck, Prolegg. crit. p. 223, C. Paoli, Rassegna settim. 1880, V, 130—133, mit Nachrichten über die Herkunft der Handschrift von der Familie de' Monti. Es widerspricht also auch diese Handschrift nicht dem allgemeinen Satze, dass höheres Alter anzunehmen ist bei regelmässiger, aber nicht gekünstelter und gleichsam gemalter Schrift, bei guter alter Orthographie und Abwesenheit von Interpunctionen und hervortretenden Initialen. In jüngere Zeit, nicht, wie Pertz meinte, in Augusteische, gehört hiernach der cod. Vat. 3256 mit den dazu gehörigen Blättern der Berliner Bibliothek, facs. bei Pertz in den Abhandlungen der Berl. Akad. 1863; Ex. t. XIV. Hier beginnt jede Seite mit einer farbigen Initiale.

Eine weniger kalligraphische Schrift, kleiner, und augenscheinlich dem wirklichen Gebrauch der Zeit entsprechend, zeigt der Terentius Bembinus, Vat. 3226, Ex. t. 8. 9. Pal. Soc. 135. Chatelain 6, in kleinem Format und kein Prachtstück. Vermuthungsweise wird er dem 4. oder 5. Jahrh. zugeschrieben.

Die nachweisbar jüngsten Handschriften dieser Art sind der Pariser Prudentius, vermuthlich gegen Ende des 6. Jahrh. sehr schön geschrieben (Exempla t. 15. Pal. Soc. pl. 29. 30. Delisle, Le Cabinet des manuscrits 1. 2. Bastard 3), und der Turiner Sedulius, in welchen Capital- und Uncialschrift wechseln, wohl aus dem 7. Jahrhundert (Exempla t. 16).

Diese Schriftgattung blieb im Gebrauch für Ueberschriften, Titel, Initialen; sie wurde in karolingischer Zeit künstlich hergestellt und der Normalform wieder mehr genähert; man schrieb so die ersten Seiten von Prachthandschriften, ja ganze Handschriften in genauer Nachbildung antiker Muster. Vorzüglich beliebt war eine kleine zierliche Schrift, gewöhnlich capitalis rustica genannt; sie findet sich in Saint Augustine's Psalter (Cott. Vesp. A. 1. Pal. Soc. pl. 19), einer der ältesten Nachahmungen der durch Augustin nach Canterbury gekommenen Handschriften, wo die ersten Blätter so geschrieben sind. Besonders merkwürdig ist der Utrechter Psalter, dreispaltig in cap. rustica, mit Bildern, und eben deshalb älterer Vorlage genau nachge-

1*

ahmt, um die Eintheilung des Raumes festzuhalten. Die Bilder zeigen angelsächsischen Stil und sind sicher nicht älter als das neunte Jahrhundert, vielleicht erheblich jünger; s. die vollständige Autotypie (1873) und Proben in: Reports addressed to the trustees (1874); Birch, The history, art and palaeography of the Ms. styled the Utrecht Psalter (1876); Arntz, Beknopt historisch overzigt over den oorsprong van het Quicunque, Utrecht 1874.

Handschriften dieser Gattung sind immer ohne Worttrennung, doch sind in dem Herculan. Epos de bello Actiaco die Worte durch Puncte getrennt, deren Ursprünglichkeit aber sehr zweifelhaft ist. Auch in dem Vergil aus Saint-Denis mit sehr rohen Bildern, Vat. 3867 (Romanus, Ex. t. 11, Pal. Soc. 113. 114. Silv. 102 ed. Angl.) sind sie jüngere Zuthat.

Interpunction durch oben und unten gesetzte Puncte und einen Strich am Rande beim Anfang einer Rede findet sich in den Schedae Vaticanae (Cod. 3225 mit Bildern); in der Regel fehlt sie ganz, nur im Sedulius ist sie ursprünglich.

Die Anfangszeilen sind häufig roth, Abkürzungen sehr wenige.

II

Uncialschrift.

Völlig ausgebildet bestand Jahrhunderte lang neben der Capitalschrift die zweite Kunstform der Uncialschrift, ein Wort, welches durch den neueren Sprachgebrauch seine bestimmte Bedeutung erhalten hat, indem es diejenige Majuskelschrift bezeichnet, in welcher die Capitalformen der Buchstaben A D E H M Q V nicht mehr vorkommen, und einzelne Buchstaben über und unter die Zeilen reichen. In den flüchtig geschriebenen Wandschriften von Pompeji finden sich viele Anklänge, aber noch nicht die Uncialform des M; erst die Wachstafeln von 167 p. C. bieten eine Form, welche diese vorbereitet. Dagegen ist die Existenz dieser Schriftgattung in völlig ausgebildeter Gestalt im vierten Jahrhundert nicht zu bezweifeln, und da sie hier schon in fertiger kalligraphischer Durchbildung erscheint, kann ihr Anfang schon dem 3. Jahrh. angehören. Zwar ist von dem durch G. Waitz in seiner Schrift: Ueber das Leben und die Lehre des Ulfila (Hann. 1840) bekannt gemachten Cod. Paris. Lat. 8907 nachgewiesen, dass die Randschrift in Cursive aus dem 5. Jahrhundert herrührt, aber der Text der Acten des Concils von Aquileja a. 381 in Unciale ist wahrscheinlich bald nachher geschrieben (Exempla t. 22). Dem vierten Jahrhundert schreibt auch Th. Mommsen den Veroneser Palimpsest des Livius zu, gestützt auf die alte Orthographie und die altlateinische Art der Wortbrechung, s. die Abhandlungen der Berliner Akademie von 1868 und: Analecta Liviana, ediderunt Th. Mommsen et G. Studemund, Lips. 1873, 4° mit photogr. Schriftproben auch von dem Wiener und Pariser Livius (Ex. 18. 19), welche Mommsen ins 5. Jahrh. setzt. C. Zangemeister setzt den Palimpsest des Cic. de rep. (Exempla t. 17, Pal. Soc. 160) in das vierte Jahrhundert, und der Evangeliencodex von Vercelli (Exempla t. 20) kann, wenn auch auf die Tradition, welche ihn dem Bischof Eusebius († 371) zuschreibt, nicht viel zu geben ist, doch recht wohl aus seiner Zeit sein. Vorzüglich schön geschrieben und von noch fehlerloser Orthographie ist die von Th. Mommsen in den Abhandlungen der Berliner Akademie mit Facs. herausgegebene Zeitzer Ostertafel, welche bald nach 447 geschrieben sein muss (Exempla t. 23). Nicht lange nach 446 ist der Palimpsest des Merobaudes geschrieben (Ex. 51). Consularfasten in Verona sind bis 486 rein uncial, bis 494 halbuncial fortgesetzt (Ex. 29. 30), ein Pabstcatalog im cod. Colon. 212 bis 535 uncial, halbuncial fortgesetzt bis auf Gregor I, und schon vorher ist eine Zeile halbuncial (Ex. 37. 38). Die besonders sorgfältig interpungierte Evangelienharmonie, welche Bischof Victor von Capua 546 gelesen hat, ist wahrscheinlich kurz vorher auf dessen Befehl geschrieben worden, s. Codex Fuldensis, ed. E. Ranke, Marb. et Lips. 1868. (Exempla t. 34); hier ist die lateinische Art der Wortbrechung, nach der griechischen, welche den Schlussconsonanten zur folgenden Silbe zieht, corrigiert. Die Vermuthung eines hohen Alters haben die vorhieronymianischen Uebersetzungen der Heiligen Schrift (Itala) für sich; vgl. über die vielen in neuerer Zeit veröffentlichten Fragmente Ziegler: Die lat.

Bibel-Uebersetzungen vor Hieronymus, München 1879. Hervorzuheben sind der Pentateuch von Lyon (ed. Ul. Robert 1881, vgl. Gaston Paris im Journal des Savants vom Juli 1883) u. der Psalter von Lyon (Delisle, Mélanges, p. 11—35, Pal. Soc. II, 8); der Codex aureus in Stockholm (ed. Belsheim, 1878), das Evangelium palatinum antehieronymianum, in Silber und Gold auf Purpur geschrieben, ed. Tischendorf 1847, Belsheim 1885. Auch die Hss. des Cod. Theodosianus, jünger als 438, sind vermuthlich älter als Justinian (Ex. t. 25—28).

Diese Schrift lässt sich daher in ihrem geschichtlichen Verlauf verfolgen, und es konnte in den oft erwähnten Exempla eine Reihe von Proben gegeben werden, deren Zeit wenigstens annäherungsweise bestimmt ist. Doch ist schon vom 6. Jahrhundert an die Uncialschrift nicht mehr die allgemein übliche, und namentlich die biblischen Handschriften der Vulgata sind kalligraphische Kunstwerke, bei welchen zur Schätzung des Alters kaum ein Anhalt zu finden ist. Namentlich wenn sie per cola et commata geschrieben sind, werden sie nicht über das 6. Jahrh. hinaufgehen. Ich erwähne von der grossen Anzahl die griech. lat. Cod. Bezae, Claromontanus, Laudianus (Pal. Soc. 15. 64. 80), das Ev. Prag. (Ex. 36), S. Kiliani (Ex. 58), den Cod. Amiat. (Ex. 35, vgl. De Rossi, La Biblioteca della Sede ap. p. 29), den Psalter von St. Germain in Silber und Gold auf Purpur (Silv. 110), Delisle, Cab. pl. 7, Bastard 6), den Ashburnham-Pentateuch aus St. Gatien de Tours (Pal. Soc. 234. 235, Ausg. d. Miniaturen von O. v. Gebhardt 1883), die Benevent. Evangelien im Br. Museum, wahrscheinlich s. VIII. Pal. Soc. 236. Thompson's Catal. pl. 7. Die schönen Nürnberger Blätter (Libri, Mon. inédits pl. 58) erklärt Zucker im Anz. d. Germ. Mus. XXIX, 35 für Nachahmung in karol. Zeit.

Eine schwierige Frage ist es, zu bestimmen, in welche Zeit die wunderbar schön mit Gold auf Purpur geschriebene Evangelienhandschrift der Hamilton-Sammlung gehört, in welcher vielleicht das für Wilfrid von York c. 670—680 geschriebene Exemplar zu erkennen ist, während andere Momente Zweifel an so hohem Alter erwecken, s. Neues Archiv VIII, 343.

Während hier die alte Kunstform lange festgehalten wird, ist in anderen Handschriften Veränderung und Verfall sehr sichtbar, wie in den oberen

Schriften vieler Palimpseste und sonst. Zu den jüngsten Beispielen gehören Prosperi chron. bald nach 584 geschrieben über Cicero's Verrinen (Exempla t. 4); aus dem 7. Jahrhundert Fragmenta Gregorii Turon. (Arndt, Schriftt. 4ᵇ, Exempla t. 45, Mon. Germ. SS. Meroving. I. Bastard 19); cod. Salmas. Paris. 1031S der Anthologie (Exempla t. 46) mit Randbemerkungen in merowingischer Schrift; Syn. Chalcedon. a. 451 über Fronto (Exempla t. 31); Legum Langobardarum cod. Sangall. s. VII (Exempla t. 47. 48. Mon. Germ. Legg. vol. IV farbig) und cod. Vercell. s. VIII (Exempla t. 50); Hieronymi cod. Bern. s. VII (Ex. t. 59); Vita S. Wandregisili († 669) Silv. 120, Delisle, Cab. pl. XI, 7); zwischen 695 u. 711 die für den Abt Nomedius zu Childeberts III Zeit geschriebene Hs. s. L. Delisle, Notice sur un Ms. Mérov. Brux. 9850— 9852 (Notices et Extr. XXX, 1); cod. Trevir. a. 719 (Exempla t. 49); Fredegarii cod. Claromont. (Bastard 14, Delisle, Cab. pl. 13, vgl. Neues Archiv VII, 250); Greg. Dial. cod. Ambros. um 750 in Bobio geschrieben (Pal. Soc. 121); das 754 geschriebene Evangeliar von Autun (Bibl. de l'École des chartes VI, 4, 217, Ex. t. 61); Pauli D. Hist. Langob. fragm. Asis. s. G. Waitz im Neuen Archiv I, 537, doch ohne Schriftprobe; cod. Vat. 5007 der Gesta epp. Neapol. am Ende des 8. Jahrh. geschrieben, s. Mon. Germ. SS. Rerum Langob. p. 399 u. tab. V.; cod. Lucensis der Gesta pontificum Romanorum aus derselben Zeit, s. die Beschreibung von P. Ewald im Neuen Archiv III, 342, Ex. t. 62. Diese kleine gedrängte geschäftsmässige Unciale ist von der kalligraphischen sehr verschieden; sie wechselt in derselben Handschrift mit anderen Gattungen. Vorzüglich schöne Proben aus einer in solcher Weise gemischten Handschrift giebt Léopold Delisle, Notice sur un manuscrit Mérovingien contenant des fragments d'Eugyppius, appartenant à M. Jules Desnoyers. Paris 1875. 4⁰. Solcher Wechsel findet sich auch schon in der um 540 geschriebenen Pariser Canonensammlung Lat. 12097 (Bast. 7, Delisle, Cab. pl. 3. 4, Ex. t. 40—42); in dem nach 600 geschriebenen Cod. Harl. 5041 (Ex. t. 57, Catal. pl. 31); in dem Augustin auf Papyrus, bei Champollion-Figeac, Chartes et Ms. sur papyrus, pl. 15, Silv. 117, Bastard 21, Pal. Soc. 42. 43.

Häufig ist in Uncialhandschriften der erste Buchstabe der Seiten oder Columnen grösser als die übrigen, in späterer Zeit farbig. Jüngere Handschriften zeigen beginnende Worttrennung, grössere und farbige Initialen am Beginn der Sätze und Abschnitte, einzelne Interpunctionen. Von Abkürzungen kommt nur eine kleine, genau bestimmte Anzahl vor; dass man in Manuscripten für den Handgebrauch deren mehr gehabt habe, nach einem System, welches mit der Abkürzungsweise der tironischen Noten übereinstimmt, und dass aus solchen Vorlagen sich die zahlreichen Fehler unserer Uncialcodices erklären lassen, suchte aus dem Wiener Livius M. Gitlbauer nachzuweisen: De codice Liviano vetustissimo Vindobonensi, Vind. 1876, und vertheidigte diese Ansicht gegen Madvig in d. Zeitschr. f. österr. Gymnasien 1878. Andere Fehlerquellen weist, mit sehr zahlreichen Beispielen, W. Heraeus nach: Quaestiones criticae et palaeographicae de vetustissimis codicibus Livianis, Diss. Berol. 1885.

Von technischen Siglen erfüllt sind juristische Handschriften, namentlich der Palimpsest des Gajus (Ausgabe von Studemund 1874. Exempla t. 24). Diese vielleicht noch dem 5. Jahrhundert angehörige Handschrift zeigt uns auch zuerst das Eindringen von Minuskelformen in die Uncialschrift. Die Buchstaben b m r s sind es, welche zuerst aus der Cursive in die Bücherschrift aufgenommen werden, später und seltener n. Dem Gajus verwandte Schrift in den Codicis Justin. fragm. Veron. ed. P. Krüger, Berol. 1874 f. Die Pommersfelder Fragmente der Pandecten auf Papyrus haben reine Uncialschrift, auch der Florentiner Codex ist ohne Siglen und Abkürzungen (Facs. von beiden in d. Ausg. v. Mommsen, Vol. II; Ex. t. 39); nur die Hand (manus XII) eines Schreibers, welcher die vorgesetzten kaiserlichen Patente geschrieben hat (Ex. t. 54), zeigt Minuskelformen. Vgl. auch die Fragmente aus Aegypten bei Mommsen in d. Sitzungsberichten d. Berl. Akad. 1879, S. 501 —509, u. die lateinischen Theile der Fragmente vom Sinai, Zachariae v. Lingenthal ib. 1881, S. 620 ff., mit Siglen und Abkürzungen.

Eine ähnliche Mischung zeigt um dieselbe Zeit die Hand des Bischofs Victor von Capua in dem vorher schon angeführten Fulder Codex; ferner die Scholien zum Juvenal (Ex. 5) und zu den Veron. Pandecten, mit vielen Abkürzungen. Eine sehr merkwürdige und alterthümliche Mischung findet sich in den Fragmenten Griech. Lat. u. Lat. Griech. Glossare auf Papyrus bei Tychsen in den Commentationes Soc. Gott. vol. IV (1820) u. Th. Bernd im Rhein. Mus. f. Philol. V, 301—329 (1837), welche, wie C. Paoli richtig bemerkt, nicht derselben Hs. entstammen, aber doch nahe verwandt sind. Ueber andere Handschriften aus diesem Jahrhundert, welche schon nicht mehr als uncial bezeichnet werden können, s. unten § VI.

Als absichtlich festgehaltene oder neubelebte Kunstform müssen wir die schöne Uncialschrift bezeichnen, welche aus den Schreibschulen der Irländer und Angelsachsen hervorgegangen ist, und auch in karolingischer Zeit wieder häufig angewandt wurde. Urkunden angelsächsischer Könige von 679, 692, 736 sind in Uncialschrift aufgezeichnet (Facs. of ancient charters in the Brit. Mus. 1873), eine von Wihtred von Kent 697 halbuncial (Catal. of Stowe Manuscripts).

Bevor wir nun die weiteren Veränderungen der Schrift verfolgen, müssen wir noch den Blick auf andere Schriftgattungen werfen, welche ebenfalls nicht ohne Einfluss auf die Gestaltung der Minuskel gewesen sind.

III

Tironische Noten.

Die altrömische Stenographie ist benannt nach Tiro, dem Freigelassenen des Cicero; berichtet wird, dass schon Ennius sie erfunden, Tiro sie vervollkommnet habe. Nach und nach ist der Notenvorrath weiter vermehrt worden.

Die notae sind auf Grundlage sehr starker Abkürzung und Zusammenziehung der Wörter, aus Buchstabentheilen zusammengesetzt, so sinnreich, dass der Notar, der davon seinen Namen hat, sich nach dem System die Wortzeichen selbst bilden konnte. Die Notare waren in der Anwendung der Zeichen sehr geschickt und kamen unseren Stenographen gleich; später wurden die Noten nur noch unverstanden gelernt, und sind deshalb mit Buchstabenschrift gemischt. Der Aufschwung der Stenographie in neuester Zeit hat auch auf die Noten wieder grössere Aufmerksamkeit gelenkt.

Der erste Entzifferer war Carpentier in seinem Alphabetum Tironianum (1747 f.), worin er ein Formelbuch der k. Kanzlei aus Ludwigs des Frommen Zeit herausgab; die Noten sind darin mit ausgeschriebenen Worten gemischt, was ihm die Handhabe zur Entzifferung gab. Er kannte damals noch nicht die Verzeichnisse von Noten, obgleich schon Trithemius Mittheilungen daraus gemacht, Gruter 1603 eine grosse Sammlung veröffentlicht hatte. U. F. Kopp hat 1817 in seiner Palaeographia critica zuerst das Princip ihrer Zusammensetzung richtig erkannt und nachgewiesen, und ein analytisches Lexicon gegeben. Von neueren Arbeiten ist hervorzuheben: Jules Tardif, Mémoire sur les notes Tironiennes, in den Mémoires présentés par divers savants à l'Académie des Inscriptions, 2° série, tome 3°, 1852. Eine Uebersicht giebt Th. Sickel, Die Urkunden der Karolinger I, 326—339 (1867). Jetzt arbeitet auf diesem Gebiete vorzüglich W. Schmitz, der seine verschiedenen Untersuchungen zusammengefasst hat in den Beiträgen zur Lat. Sprach- und Literaturkunde, Leipzig 1877, S. 179—306; nicht aufgenommen ist die Ausgabe der Madrider Noten in der Zeitschrift Panstenographikon, und der Berner Noten als Beilage zum 3. und 4. Heft dieser Zeitschrift. Von der jüngeren Litteratur führe ich nur an, dass jetzt das vortrefflichste und reichhaltigste Material zum Studium vorliegt in der Facs.-Ausgabe jener von Carpentier benutzten Handschrift: Monumenta tachygraphica cod. Paris. 2718, ed. W. Schmitz, Hann. 1882, und von O. Lehmann: Das tironische Psalterium der Wolfenbütteler Bibliothek, Leipz. 1885. In einem Vergilcodex in Bern, geschrieben in Tours in der zweiten Hälfte des neunten Jahrhunderts, sind zahlreiche Noten, 1 Seite Pal. Soc. II, 12 mit Erklärung von W. Schmitz. Nicht enträthselt dagegen ist die Zeile auf dem Palimpsest des Juvenal, Ex. t. 5. Bei Champollion-Figeac, Chartes Latines VII°, ist eine Aufzeichnung eines Testaments in Noten.

Bemerkenswerth ist die Anwendung der Noten bei den Emendatoren der Handschriften für ihre Bemerkungen, z. B. in dem oben S. 7 angeführten

merow. Codex Eug. ed. Delisle pl. 1 u. 5, Arndt, Tafel 5ᵃ. Häufig sind solche
Noten in den für Carls des Gr. Zeitgenossen Hildebald von Coeln abgeschrie-
benen Büchern (vgl. W. Schmitz im Neuen Archiv XI, 109—121), und hierhin
werden doch auch wohl die Randzeichen des Cod. Flor. der Digesten gehören,
s. Th. Mommsens Vorrede p. XXXVII. Vgl. auch H. Hagen in Rhein. Mus.
XXXIII (1877) S. 159 über die verkannte Bemerkung in Noten 'non habet
glossam' zu Dositheus' ἑρμηνεύματα. Im Münchener Breviarium Alarici ist
häufig die Note für correxi, s. F. Ruess, Die Tachygraphie der Römer (München 1879) S. 29, Taf. 60; in einer Canonensammlung s. VIII. ex. aus Corbie
Randbemerkungen, welche mit 'hic mitte' beginnen und Anweisungen für den
Schreiber enthalten, Neues Archiv VIII, S. 333.

Die Kenntniss dieser Noten war noch im neunten Jahrhundert den
Notaren völlig geläufig; unter Ludwig dem Deutschen jedoch verlor sich die
Kenntniss derselben im Ostfrankenreiche, wo es ganz wunderbar erschien, dass
noch s. X. ex. Ekkehardus palatinus 'notularum peritissimus' war, während
sie sich im Westreiche noch etwas länger erhielt. Heirich von Auxerre s.
IX. ex. kannte sie (Haec ego tum notulas doctus tractare furaces (?) Stringe-
bam digitis arte favente citis, s. Ad. Ebert, Allg. Gesch. d. Litt. d. Mittelalters
im Abendlande II, 286) und der Priester Ingelbert wandte sie 939 bei den
Unterschriften der Urkunde des Erzb. Teotolos an, Musée des Arch. départe-
mentales, N. 12, pl. 12. Auch noch im 11. Jahrh. wurden sie in Tours gebraucht, nach Ch. de Grandmaison, Fragm. de chartes du Xᵉ siècle, provenant de
Saint-Julien de Tours, Bibl. de l'école des ch. 1885. Gerbert hat sie als Silvester II
bei seinen Unterschriften angebracht, s. P. Ewald im Neuen Archiv IX, 323.

Später blieben nur noch einige wenige Zeichen als Abkürzungszeichen
im Gebrauch, oder hatten doch auf deren Gestaltung Einfluss. Um 1174 ver-
suchte Johann von Tilbury in England, weil das alte System (welches
er aber gar nicht mehr kannte) zu verwickelt und schwierig und deshalb seit
Jahrhunderten ganz vergessen sei, in seiner 'ars notaria' ein neues aufzu-
stellen; aus dem Hauptzeichen 'nota' und dem Hülfszeichen 'titula' bestehend,
sollte es in 60 Tagen zu lernen sein, so dass man so rasch schreiben wie

sprechen könne. Er scheint aber nie damit fertig geworden zu sein; s. Val.
Rose im Hermes (1874) VIII, 303–326; vgl. W. Schmitz, Beiträge S. 260
bis 264.

Anhang über Geheimschrift.

Cäsar schrieb, was nicht jeder verstehen sollte, so, dass er d für a
setzte u. s. f. immer den vierten Buchstaben (Suet. c. 46); Augustus setzte
b für a, für z aber aa (Suet. c. 88). Er machte also ein x für ein u; ob
jedoch diese Redensart davon oder, was wahrscheinlicher ist, von der Ver-
tauschung der Zahlenwerthe X und V herrührt, ist streitig, s. Germania XIII,
270; XIV, 215; XX, 8. — Im Mittelalter begnügte man sich in der Regel
damit, an die Stelle der Vocale entweder verschieden zusammengestellte Punkte
oder je den folgenden Consonant zu setzen; bei unanständigen Worten ver-
stärkte man die Deckung, und schrieb für zerse (penis) zgreg (Eccl. Colon.
codd. p. 122). Im cod. Harl. 3362 f. 47 ist an einer bedenklichen Stelle auch
für die Consonanten je der folgende gesetzt (Wright and Halliwell, Rell. ant.
I, 91). Die Einführung beider Arten schreibt Hrabanus Maurus (Operum
ed. Col. 1626 Vol. VI, 334, Goldast SS. Alam. II, 93) dem h. Bonifatius
zu. Sie finden sich beide oft angewandt in Glossen und für die Auflösung
von Räthseln, wofür sonst auch Runen gebraucht wurden; auch einfach als
Spielerei, nicht selten in Unterschriften der Abschreiber; auch kommt Um-
kehrung der Namen (xilef statt Felix, Mangeart, Catal. de Valenciennes p. 285)
oder der Silben (fusnular statt Arnulfus) vor. Der Pabst Benedict VIII unter-
schrieb Thfpfklbctxc (Theofilactus) s. Galetti del Primicerio p. 249. Die Auf-
schrift *BRCHKDKBCPNP BNSCXLFP* (archidiacono Anseulfo) blieb Bandini
I, 656 unverständlich. Ein seltsames Missverständniss einer solchen Spielerei
in einem cod. Bamb. s. VIII. bei Oegg hat Laubmann nachgewiesen in den
Münch. Sitzungsberichten 1879, II, 74. Eine Anleitung zu künstlicherer Buch-
stabenvertauschung aus England s. XV bei Wright and Halliwell II, 15; bei
Morel Fatio in Haupts Zeitschr. XXIII, 437 e cod. Paris. s. XII. Nouv. Acq.
lat. 229. Verschiedene Arten gemischt in Pertz' Archiv VII, 756, der Unterschrift des cod. legis Alam. Monac. 4115, s. VIII. Ziffern statt der Vocale

in Libri's Auctions-Catalog (1859) S. 59 n. 248: Ciceronis Officia s. XIV. In Bonifatius' Briefen finden sich Spielereien mit verschiedenen Elementen; nicht alles ist erklärt, s. Jaffé, Bibl. III, 12. 233. 244. 283; P. Ewald im Neuen Archiv VII, 196, und dagegen Dickamp ib. IX, 16. Westgothische Kryptographie bei P. Ewald, N. Arch. VIII, 359, u. Ewald u. Loewe, tab. XIX. Die Geheimschrift der Hildegard v. Bingen (Haupts Zeitschr. VI, 321) ist offenbar willkürlich erfunden. Auch griechische Buchstaben, oft fehlerhaft, wurden in solcher Weise angewandt, z. B. von dem Kanzler Winitharius (s. H. Bresslau, Diplomata centum, Berol. 1872 p. 176), und so konnte aus Missverständniss statt Godefridus gelesen werden Twaetihaoyc, s. J. Grimms Kl. Schr. II, 338.

Unenträthselt ist die aus gewöhnlichen Buchstaben bestehende Geheimschrift im Cod. Christ. 314 saec. X. (Pertz' Archiv XII, 274), so wie die ähnlichen Zeichen Gerberts; auch die Zeile am Schluss des vorgeblichen Originals von Joh. XIII. Bulle f. Quedlinburg, Erath tab. VI. Verschiedene geheime Alphabete im Münchener cod. 18628 aus Tegernsee s. XI, wo auch noch tironische Noten vorkommen, f. 95 (facs. bei Ruess, Ueber die Tachygraphie der Römer, t. 61. 62), und im Wiener 1761 s. XI. Eine Geheimschrift erdachte sich Salimbene in seiner Gefangenschaft (Chron. ad a. 1241 p. 58) und Benedict de Pileo (Festschrift d. Heidelb. Philologenvers. 1865 S. 102). Ueber die Geheimschrift Rudolfs IV. von Oesterreich s. Kürschner in den Mittheilungen der Centralcommission XVII, 71—80. Die Chiffern eines alchymistischen Codex von 1426 habe ich im Anz. d. Germ. Mus. XVI, 265 erklärt, andere finden sich im Receptenbuch in München 444 f. 140, im Berliner Lat. fol. 88 s. XV. fol. 58 v. Alchymistische Recepte im Archivio centrale in Florenz in einem Büchlein von dünnen Bleiplatten; die Geheimschrift ist auf der letzten Seite erklärt. In dem vom Germanischen Museum herausgegebenen Hausbuch sind hebräische Buchstaben angewandt. Gegen Ende des 15. Jahrhunderts werden Chiffern im diplomatischen Gebrauch schon häufiger und künstlicher, doch liegt es uns hier fern darauf näher einzugehen; Geheimschrift der Mailänder Visconti im Wiener cod. 2398 (Tabulae codd. II, 68);

Nürnberger Geheimschrift mit Schlüssel von 1461, s. Wagner, Archival. Zeitschrift IX, S. 14—62.

Eigenthümliche Geheimschrift in Regensburg auf dem Grabstein eines Kindes, dessen Vater Domherr war, von 1583, bei Hugo Graf von Walderdorff, Regensburg (3. Aufl.) S. 97.

IV

Altrömische Cursive.

Unter Cursive pflegt man eine Schrift zu verstehen, in welcher die Buchstaben nicht mehr abgesondert neben einander stehen, sondern unter sich in Verbindung gebracht und dadurch in ihrer Form bedeutend verändert sind. Von stark veränderten Formen bieten uns schon die in Pompeji flüchtig an die Wände gekritzelten Schriftzüge viele Beispiele, s. die Inscriptiones parietariae ed. Zangemeister, im Corpus Inscriptt. Lat. IV mit einer sehr lehrreichen Tafel über die veränderte Gestalt der einzelnen Buchstaben. Auch die Inschriften der Catacomben in De Rossi's Roma subterranea christiana sind damit zu vergleichen. Aber weder hier noch in den Fragmenten Herculanensischer Papyrus ist eine fortlaufende Cursive. Davon sehen wir die Anfänge auf einigen der 1875 in Pompeji im Hause des L. Caecilius Jucundus entdeckten 132 Triptychen und Diptychen, beschrieben und soweit sie lesbar sind, mit Facs. herausgegeben von Giulio de Petra, Le Tavolette cerate di Pompei, Roma 1876. 4. (Atti della R. Accademia de' Lincei, 2. serie, 3. vol.) Proben bei W. Arndt, Tafel 26, Foucard, t. V, Pal. Soc. t. 159. Einige von diesen zeigen grosse Aehnlichkeit mit der Schrift der Wachstafeln, welche in Siebenbürger Bergwerken gefunden sind, Urkunden einer armen Provinzialbevölkerung aus dem zweiten und dritten Jahrhundert unserer Zeitrechnung; s. darüber Massmann, Libellus aurarius sive tabulae ceratae et antiquissimae et unicae Romanae, 1840, wo aus Inschriften die Formveränderung der einzelnen Buchstaben mit vielen Beispielen belegt ist, und über die neueren Funde

Detlefsen im 23. und 27. Bande der Sitzungsberichte der Wiener Akademie. Vollständig gesammelt mit photogr. Facs. und einer Buchstabentafel im Corpus Inscriptt. Lat. III von Zangemeister. Arndt t. 1 u. 26. Verwandt damit sind auch die Bleitafeln aus Gräbern mit Verwünschungen und Zaubersprüchen, s. die Dalmatinische bei Foucard, Elementi di paleografia, t. II. Dass diese Schriftart auch förmlich in Schulen gelehrt wurde, beweisen die an verschiedenen Orten gefundenen Backsteine mit Alphabeten und Vorschriften, s. Paur im 14. Band der Wiener Sitzungsberichte, Arneth im Jahrbuch der k. k. Centralcommission zu Erforschung der Baudenkmale, Wien 1856, und Janssen, Musei Lugduno-Batavi Inscriptiones Graecae et Latinae, Lugd. Bat. 1842. Andere Vermerke in Cursive betreffen gelieferte Arbeit, s. Zangemeister: Ziegelinschriften aus Mariaweiler u. Bonn, mit Anführung älterer Funde der Art, Jahrb. d. Vereins von Alterthumsfreunden im Rheinland LXVII (1879) S. 73—77 mit Facsimile.

Dieser Schrift verwandt, aber eigenthümlich ausgebildet ist die Schrift der kaiserlichen Kanzlei, aus welcher sich Fragmente des 5. Jahrhunderts in Aegypten erhalten haben. Darüber handelt Jaffé bei Mommsen, Ueber die Fragmente zweier lateinischer Kaiserrescripte, Jahrbücher des gemeinen deutschen Rechts VI, 415, wo auch das Alphabet aus den Wachstafeln und den Rescripten zusammengestellt ist. Nachbildungen geben Massmann, der erste Entzifferer, im Libellus aurarius, N. de Wailly in den Mémoires de l'Institut XV, 1 pl. I—III, Champollion-Figeac, Chartes et Manuscrits sur Papyrus, (Paris 1840) pl. 14, Pal. Soc. II, 30 mit einer Zusammenstellung der Buchstabenformen und den beiden oben erwähnten Tafeln von Zangemeister. Die Schrift ist sehr gross, mit einem gewissen vornehmen Charakter, und die Buchstaben sind wohl mit einander verbunden, aber ihre Gestalt nicht wesentlich dadurch verändert.

Nicht direct hieraus hervorgegangen, und von sehr verschiedenem Charakter ist die altrömische Cursive, wie sie vermuthlich schon aus dem vierten Jahrhundert vorliegt und in ihrer Entstehung aus der Unciale sich beobachten lässt, in den Anweisungen für den Maler bei W. Schum, Das

Quedlinburger Fragment einer illustrirten Itala (Theologische Studien und Kritiken 1876); ferner in den Scholien zum Juvenal (A. Mai, Auctt. class. III; Exempla tab. 5), zum Terentius Bembinus (Exempla t. S. 9), den Correcturen zu Livii palimps. Taur. (Mommsen et Studemund, Analecta Liviana ad p. 31). Jünger sind die Scholien zur Itala Fuldensis (E. Ranke, Fragmenta versionis antehieronymianae, Marb. 1860 cum Suppl. a. 1868; Ex. t. 21), zum Vergilius Med. (Ex. t. 10), und die Randbemerkungen zum Prosper (Ex. t. 4). Aus der Mitte des 6. Jahrh. sind die Unterschriften des Victor ep. Capuanus bei E. Ranke, Novum Test. ex manuscr. Victoris Capuani, Marb. 1868, und Ex. t. 34.

Völlig ausgebildete, fortlaufend geschriebene Cursive zeigt die Randschrift des arianischen Bischofs Maximin bei Waitz in der oben S. 5 angeführten Schrift, vgl. Ex. t. 22, welche aber, wie Bessell nachgewiesen hat, wegen Benutzung des Codex Theodosianus jünger als 438 sein muss. In Aegypten gefunden ist das Papyrusblatt mit griech.-lat. Glossen in solcher Cursive, Notices et Extraits XVIII, 2, pl. 18; Arndt t. 27.

Wieder eine andere Schrift, gross und flüchtig, mit sehr mannigfaltigen Buchstabenformen, die durch Verbindung mit einander stark verändert und verzogen sind, zeigen die Urkunden auf Papyrus, aus Ravenna, Arezzo, Neapel, von 444 an. Das Hauptwerk darüber ist Marini, I Papiri diplomatici, Romae 1805 f. Zuerst bekannt wurde die sog. Charta plenariae securitatis, ein Protocoll über Eröffnung eines Testamentes von 565, anfangs irrig Testamentum Julii Caesaris genannt, facs. im Supplement zu Mabillon's Diplomatik, auch bei Champollion-Figeac a. a. O. feuilles 8—10; 1—7 eine Urk. von 552. Vorzüglich schön Massmann, Die gothischen Urkunden in Neapel und Arezzo, Wien 1838. Urkunde vom 3. Juni 572, Pal. Soc. 2 u. 28, u. auf 7 Tafeln in Facsimiles of ancient charters IV (1878); daselbst auch ein Hausverkauf von 616 — 619. Die Urkunde Marini XC bei E. Monaci, Archivio paleogr. Ital. t. 1—5. Diese Schreibart hat sich in Italien, wenn auch nicht unverändert, doch in unmittelbarer Fortdauer, sehr lange erhalten, wovon Fumagalli, Delle instituzioni diplomatiche, Vol. I, Silvestre und Sickel Proben aus dem 8. und 9. Jahrhundert geben; am längsten in der römischen Notariatsschrift (Monaci, Arch. pal. II) und in Unteritalien, wo endlich Friedrich II das fast unleserlich gewordene Gekritzel der Notare verbot. Vgl. die Schriftproben im Codex diplomaticus Cavensis I und II (Neapel 1873 u. 1875. 4.).

Auch zu Bücherschriften wurde diese Cursive verwendet, zu Schriften, welche erst damals neu verfasst wurden, wie die Gesta Pontificum Romanorum (s. Pertz im Archiv V, 70—75, Facs. bei Scotti, Memoria supra un codice palimpsesto, Neap. 4. s. a.) und grammatische Tractate; doch auch zu Abschriften älterer Werke, wie der Josephus Ambros. auf Papyrus (Pal. Soc. pl. 59), Valerii res gestae Alexandri über dem Turiner Cod. Theodosianus (Exempla t. 25), Maximi Taurin. homiliae cod. Bob. Ambros. (Pal. Soc. II, 32). In der Canonensammlung s. VI. medii sind die Daten so geschrieben (Ex. 41), und bei L. Delisle, Notice sur un manuscrit Mérovingien contenant des fragments d'Eugyppius, appartenant à M. Jules Desnoyers (Paris 1875, 4.) erscheint neben anderen Schriftgattungen auch diese in den ausgezeichnet schönen Schriftproben.

Zu den echten Proben dieser Schrift gehört aber nicht das fabelhafte sardinische Lobgedicht auf den König I h a l e t u s, obgleich die paläographische Fälschung weit besser als die Fabrikation des absurden Inhalts gelungen ist. Die Prüfung der Pergamene di Arboréa durch eine Commission der Berliner Akademie, in welcher Jaffé die paläographische Untersuchung übernahm (Monatsbericht vom Januar 1870 S. 64—104), ist trotz der noch immer erneuten Rettungsversuche für die Wissenschaft endgültig. Ueber Pillito's letzten vergeblichen Versuch s. Jahresber. d. Geschichtswissenschaft 1880 II, 327.

V

Die Nationalschriften.

Ueber diese Bezeichnung sind einst heftige Streitigkeiten geführt worden. Man hat mit Recht die ursprüngliche Meinung Mabillon's zurückgewiesen, welcher in diesen Schriften nationale Producte der verschiedenen Völker sah;

wohl aber kann man dennoch den Namen gebrauchen, indem allerdings diese
Schriftarten unter den Völkern, deren Namen sie führen, auf gemeinschaft-
licher Grundlage ausgebildet wurden. Diese Grundlage ist die römische Cursive, verbunden mit Elementen der Uncialschrift, und es ist deshalb nicht zu
verwundern, wenn man in den verschiedenen Schriften oft der vollständigsten
Uebereinstimmung in einzelnen Eigenthümlichkeiten begegnet. Auch ist deshalb eine ernstliche Beschäftigung mit der römischen Cursive, so selten sie
auch für praktische Zwecke uns entgegen tritt, dringend zu empfehlen, weil
dadurch allein ein sicheres und gründliches Verständniss der Nationalschriften
zu gewinnen ist, und auch die gewöhnliche Minuskel noch Nachwirkungen
dieser Schreibarten enthält.

Die Entstehung dieser Schriftarten ist in der Kanzlei zu suchen. Während
die unciale und halbunciale Bücherschrift noch in römischen Händen war, wurde
die Cursive, da der Schreibstoff theuerer und knapper wurde, dort umgebildet,
gedrängter und regelmässiger, und diese Umbildung wurde, mit Benutzung
von Formen aus der Halbunciale, vollendet und kalligraphisch ausgearbeitet,
als man diese Schrift, bei erneutem Eifer für wissenschaftliche Beschäftigung,
auch für Bücher verwandte. So entstanden diese Spielarten, welche durch das
Uebergewicht des Frankenreiches und seiner Cultur, und durch die grössere
Einfachheit und Zweckmässigkeit der Minuskel immer mehr beschränkt und
endlich überwältigt wurden.

Ausgesondert habe ich von diesem Abschnitte die irische und angelsächsische Schrift, weil diese ohne Einwirkung der Cursive entstanden ist,
während dagegen die Schrift der päbstlichen Kanzlei als eine Abart der langobardischen betrachtet werden kann.

a. Langobardische Schrift.

Aus der verwilderten Schrift mit phantastischen Initialen verziert (z. B.
bei Mabillon S. 353) bildete sich im 9. Jahrhundert eine neue Kunstform,
welche besonders in Montecassino und La Cava sehr zierlich entwickelt wurde
und im 11. Jahrhundert unter dem Abt Desiderius ihren Höhepunkt erreichte,

auch sehr reich mit Initialen und Bildern geschmückt wurde. Prachtvolle Nachbildungen davon findet man bei Silvestre, in Westwood's Palaeographia sacra pictoria, und ohne Farben auch bei Seroux d'Agincourt; jetzt eine reiche Fülle schöner Proben im Cod. dipl. Cavensis und vorzüglich in der Bibliotheca Casinensis, und der Paleografia artistica di Montecassino (2—5. Heft Longobardo-cassinese 1877—1881) von Don Oderisio Piscicelli-Taeggi, mit 54 prachtvollen Tafeln, von 810 an, welche namentlich auch den grossen Reichthum der Ornamentik zur Anschauung bringen. Diese Schrift wurde nach und nach immer eckiger (Lombard brisé), oft geradezu gitterförmig und dadurch schwer zu lesen.

In der ältesten Zeit ist diese Schrift der merowingischen sehr ähnlich, und es kann daher nicht auffallen, dass die Bezeichnung mancher Handschriften unsicher und bei verschiedenen Autoren verschieden ist. Zu diesen ältesten gehören der Veroneser Augustin s. VII ex. bei Sickel, Mon. graph. III, 1; der jetzt Bamberger Codex des Gregorius Turon. de cursu stellarum, etwa s. VIII, mit Facs. herausgegeben von G. F. Haase in einem Breslauer Univ.-Programm von 1853; der Veroneser Isidor s. VIII bei Sickel I, 2, Exempla t. 29. 30, welcher, obgleich in Verona geschrieben, mehr merowingisch aussieht; der Münchener Orosius bei Silvestre vol. III; das Sanctgaller Sacramentar, s. IX. inc. oder älter, welches B. Remedius von Cur (800—820) gehört hat, Pal. Soc. 185. Der Mailänder Isidor aus Bobio s. IX (Pal. Soc. 92) zeigt, dass diese Gestaltung doch auch dem nördlichen Italien nicht fremd war, und dafür sprechen auch die verwandten Formen in Mailänder Urkunden s. VIII. IX. bei Sickel I, 4—9; die Carta Senese von 777 bei E. Monaci t. 6 steht zwischen langobardisch und merowingisch; wesentlich aber fand, da im nördlichen Italien der fränkische Einfluss frühzeitig überwog, diese Schrift ihre Ausbildung in den langobardischen Fürstenthümern Unteritaliens und hat auch davon ihren Namen.

Aus der Zeit des Abtes Desiderius (seine Unterschrift in Pertz' Archiv V, 14) stammt auch die Handschrift des Widukind (Mon. Germ. SS. III.) und des Leo von Ostia (ib. VII. Arndt T. 32), so wie das Registrum Johannis VIII

papae, Facs. bei Schafarik und Palacky, Aelteste Denkmäler der böhmischen
Sprache, Abhandl. d. böhm. Ges. d. Wiss. V. Folge J. Band, u. E. Monaci,
Arch. paleogr. I, 2. Heft. Die schöne Probe aus dem Vat. 4222 des Augustin,
welche A. Mai, Nova Patrum Bibl. I tab. 12 giebt, setzt dieser in das 9. bis
10. Jahrhundert. Ich erwähne noch das schöne Facs. bei Ant. Rocchi, Il Ritmo
Italiano di Montecassino del secolo X (1875), den Wiener Vergil s. X bei
Sickel IV, 7, die Gesta epp. Neap. s. X. SS. Rer. Langob. t. V, den Bam-
berger Paulus Diac. bei Arndt T. 7, das Exultet s. XII. ex. Pal. Soc. 146.
Eine sichere Zeitbestimmung von Handschriften dieser Gattung ist wegen der
lange bleibenden Gleichförmigkeit sehr schwierig. Zuletzt von der fränkischen
Minuskel immer mehr eingeengt, verschwindet diese Schriftgattung im 13. Jahr-
hundert; das jüngste Beispiel der Pal. artistica t. 53 ist von 1264—1282.

In einem Inventar aus Montecassino von 1497 (bei Caravita, I codici
e le arti a Montecassino I, 389) werden Bücher in littera moderna und
in littera longobarda unterschieden. Sonst heisst diese Schrift auch
littera Beneventana, und mit demselben Namen bezeichnete man wohl
auch die ganz eigenthümliche Schrift der päbstlichen Bullen (s. Marini,
I Papiri diplomatici p. 226), doch ist diese eine ganz besondere Fortbildung
der römischen Kanzleischrift. Johannes X nennt sie in einer freilich sehr verdächtigen Bulle von 919 (Jaffé n. 3559 ed. II) scripta notaria. Diese
Schrift, welche wieder bedeutende Varietäten umfasst, blieb mit dem alten
Material, Papyrus, welches aber schon im 11. Jahrhundert ausging, bis in den
Anfang des 12. Jahrhunderts üblich, obgleich die Gläubigen sie oft nicht lesen
konnten; s. Chron. s. Huberti c. 25, Mon. Germ. SS. VIII, 585. In manchen
dieser Bullen sind nur noch geringe Reste der Kanzleischrift, oft nur in dem
A von Anno. Das wechselnde Uebergewicht des kaiserlichen und des italienischen Elementes spiegelt sich im 11. Jahrhundert auch in der Schreibart
der Bullen; noch unter Urban II und Paschalis II kommt beiderlei Schrift
vor, dann verschwindet die alte Kanzleischrift und räumt den Platz einer sehr
zierlichen und ungemein deutlichen Minuskel. Ein Verzeichniss der bisher
veröffentlichten Facsimiles hat W. Diekamp gegeben im Hist. Jahrbuch der

Goerresgesellschaft IV, 388—391 und 681. Von Jul. v. Pflugk-Harttung erscheinen bei Kohlhammer in Stuttgart: Chartarum Pontificum Romanorum specimina selecta, bis z. J. 1200. Viel ist in neuester Zeit über päbstliches Urkundenwesen geschrieben, aber eine palaeographische Bearbeitung der alten Kanzleischrift fehlt noch gänzlich.

Eine eigenthümliche, nur scheinbar alterthümlich aussehende Gestalt hat die spätere Bullenschrift, die sogenannte littera Sancti Petri. Sie heisst auch scrittura bollatica, auch scrittura liegese, spanisch letra despedazada, und soll nach Marini, Diplomatica Pontificia (Romae 1841) durch Adrian VI in die Dataria apostolica eingeführt sein. Allein das ist ein Irrthum; die ersten Spuren finden sich unter Clemens VIII (1592—1605); fest ausgebildet erscheint sie unter Alexander VIII (1689—1691); s. Cesare Paoli in d. Rassegna settim. vom 23. Feb. 1879. Es ist eine greuliche, verzerrte, schwer lesbare Schrift, welcher deshalb gleich eine Abschrift beigelegt zu werden pflegte. Erst Leo XIII hat sie abgeschafft.

Vom 13. Jahrhundert an erwähnt, aber erst vom ausgehenden 15. Jahrhundert an aus Originalen bekannt, sind die Breven sub annulo piscatoris, in humanistischer Cursive.

b. Westgothische Schrift.

In Spanien hat die Schrift eine der langobardischen sehr ähnliche Entwickelung gewonnen, welche jedoch durch manche Eigenthümlichkeiten sich unterscheidet. Dem unvollendeten Werke von Rodriguez (1738) folgte die Paleografía Española (1758. 4.) von Terreros mit Tafeln von dem wunderbar geschickten Palaeographen Palomares (vgl. über ihn Ewald im Neuen Archiv VI, 341); dann mit Benutzung dieser Tafeln und des von Rodriguez gesammelten Materials die Escuela paleographica von Merino, Madrid 1780 f. Hieraus sind auch die Proben gewöhnlich genommen, welche man in anderen Büchern findet; ein mangelhafter Auszug ist von Delgrás, Compendio di Paleografía Española, Madrid 1857. Jetzt ist als bequemes Handbuch, ungeachtet mancher Mängel, zu empfehlen Muñoz y Rivero, Paleografía Visigoda, Madrid

1881; vorzüglich aber die ersten ganz zuverlässigen, sehr reichhaltigen photogr. Tafeln von Ewald u. Loewe: Exempla scripturae Visigoticae, Heidelb. 1883. Von einer Hand des 13. oder 14. Jahrhunderts steht in einer Toletaner Handschrift: 'Littera ista mozarava appellatur', und darunter: 'vel Toletana' (Neues Archiv VI, 248). .

Auf der Synode von Leon soll 1091 unter Vorsitz des neuen Erzbischofs Bernhard von Toledo, eines Cluniacensers, und des Legaten Renerius beschlossen sein 'ut de cetero omnes scriptores omissa littera Toletana, quam Gulfilas Gothorum episcopus adinvenit, Gallicis litteris uterentur'. Doch findet sich diese Nachricht nur bei Rodericus Toletanus, und Bernhards eigene Unterschrift unter einer Urkunde von 1113 (Champollion-Figeac, Chartes Lat. Franç. etc. n. VI) ist westgothisch. Die Unterschrift scheint autograph zu sein, und sicher muss er die Urkunde gesehen haben, welche in einer schönen und gut lesbaren westgothischen Schrift ausgestellt ist. Man musste ja auch einstweilen noch die alten Schreiber gebrauchen, aber in Catalonien schrieb man schon ein Jahrhundert lang fränkisch (Ewald u. Loewe t. 39), und schon im 11. Jahrhundert erscheint die Schrift, wo man sie noch gebrauchte, unsicher, verkünstelt und entartend, mit fremden Elementen gemischt. Um die Mitte des 12. Jahrhunderts verschwindet sie.

Zu bemerken ist, dass Merino die Andalusische Bibel in Toledo (lám. V, 2. 3; Arndt t. 8) auf der Tafel als a. 708 bezeichnet, weil die Editoren der Biblia Complutensis sie, die nach der Tradition dem Isidor von Sevilla gehört haben sollte, aus Vorsicht älter als die Eroberung ansetzten; ebenso die beiden Bibeln von Alcalà (lám. VI, 1. 2.) saec. VIII. Aus dem Text geht hervor, dass alle drei aus dem 10. Jahrhundert sind. Doch halten Ewald u. Loewe (Tab. IX) die Inschrift der Andalusischen Bibel nicht für ein entscheidendes Zeugniss der Entstehung der Hs. im 10. Jahrhundert und schreiben sie dennoch dem achten zu.

Den Uebergang von römischer Cursive zur westgothischen Schrift bildet eine schwer lesbare, noch nicht kalligraphisch ausgebildete Schreibart. Blätter solcher Art im cod. Ovet. (Benedictio cerei, Ewald u. Loewe t. II. III), dessen uncialer Theil für Augustins Autograph galt und in Spanien im 7. Jahrhundert geschrieben zu sein scheint (Tab. 1), werden dem 8. Jahrhundert zugeschrieben, wie auch die Epp. Hieronymi (Tab. IV—VII), welche schon characteristisch westgothische Formen enthalten. Besser entwickelt ist der Wolfenb. Isidor bei Walther, Lex. dipl. t. II. Auch Ewald u. Loewe VIII. X—XII. werden dem 8. Jahrhundert zugeschrieben. Feine saubere Schrift im cod. Casin. 4 u. 19 (Bibl. Casin. I, t. III, 1. X, 1) mit Randglossen s. VIII. gegen Elipand. Ein cod. Ashburnh. s. VII. VIII. wird von Rühl als wunderschön bezeichnet (Acta soc. philol. Lips. IV, 377). Saec. VIII. soll das Sacramentarium Gellonense sein aus dem südlichen Frankreich, mit merowingischen Anklängen, aus welchem Silv. 170, vorzüglich aber Graf Bastard 49- 61 Proben geben, mit reichster Auswahl der phantastischen Initialen aus Fischen und Vögeln; daraus Tymms u. Wyatt pl. 8. Dazu gehört auch die Hs. in Alby 29, Facs. im Catal. des Mss. des Dép. I (1849), p. 487, welche ich für westgothisch halte.

Aus dem 9. Jahrhundert sind die Zeugenaussagen von 833 (Bull. de la Comm. arch. et litt. de Narbonne I. 1877) u. 834 (Musée des Arch. dép. n. 5 pl. 4); der Isidorus Pacensis (Tailhan, Anonyme de Cordoue, Paris 1885, u. Catal. Brit. Mus. pl. 36); von vorzüglicher Schönheit und Zierlichkeit die Bibel von La Cava, von welcher C. Paoli nachgewiesen hat, dass sie hierher gehört, s. Schiani, App. Cod. dipl. Cav. I, u. über die Randglossen gegen Arianer Ziegler, Bruchstücke einer vorhieron. Uebersetzung der Petrusbriefe, Sitzungsber. d. Münch. Akad. 1876, S. 654 ff. Dem 9. und 10. Jahrhundert gehören die Proben bei Arndt, t. 8ᵈ. 30, die Gebete aus Silos, Cat. Brit. Mus. pl. 37, der Corippus, Mon. Germ. Auctt ant. III, 2, vgl. Ewald im Neuen Archiv VI, 581.

Aus dem prachtvollen Martyrologium von 919 Pal. Soc. 95, Arndt tab. 29. Catal. Brit. Mus. pl. 38. Aus dem Pariser cod. Fonds latin 2855 von 951 eine Seite Silv. III, 206, Facs. de l'école des ch. 277. Canones-IIs. von 1095 bei Arndt 8° aus Merino läm. 13. Aus dem Evang. s. XI. von Montmajour (Arles) Bastard 234. 235, Tymms u. Wyatt pl. 27. Aus der Apocalypsis S. Severi, aus St. Sever in Gascogne, Bast. 236 —238 Aus der pracht-

vollen 1109 nach zwanzigjähriger Arbeit vollendeten Handschrift des Beatus
super Apocal. aus Silos (Brit. Mus. 11,695) Westwood Palaeographia sacra
pictoria farbig, Pal. Soc. pl. 48. 49; Arndt t. 31; dem letzten Schreiber ist
diese Schriftgattung augenscheinlich nicht mehr geläufig. Schöne u. seltsame
Initialen farbig bei Bachelin-Deflorenne, Catalogue de livres rares, Paris 1878;
die Handschriften sind jetzt theils in Paris (s. Delisle, Mélanges p. 53—116),
theils in London.

Innerhalb dieser kalligraphischen Schrift, welche Merino 'Gothica ro-
donda' nennt, unterscheidet derselbe eine Castilische und eine Andalusische;
allein wie man aus der reichen Fülle von Proben bei Ewald u. Loewe leicht
ersehen kann, sind der Spielarten sehr viele, und sie werden sich schwerlich
in bestimmte Classen bringen lassen.

Daneben kommt nun eine andere hässliche, spitzige, kaum lesbare
Schrift (Merino lám. IV, Ew. u. Loewe t. 34 u. passim) vom 8. bis 11. Jahr-
hundert, die man als cursiv bezeichnen kann, in Randbemerkungen und
Unterschriften vor.

Das westgothische Alphabet in seinen verschiedenen Formen s. bei
Merino lám. XVI, die sehr eigenthümlichen Abkürzungen XIV. XV, die Zahlzeichen IX, 2.

Jüngere Handschriften und Urkunden haben kaum noch schwache
Nachklänge westgothischer Formen, doch zeigt auch die Minuskel eine eigenthümliche Gestaltung, und es geht zuletzt daraus eine neue, schwer zu lesende
Cursive hervor; s. Muñoz y Rivero, Manual di Paleografía diplomatica Española
de los siglos 12 al 17, mit 179 autogr. Tafeln, Madrid 1880.

c. Merowingische Schrift.

Diese Schrift ist nie zu kalligraphischer Durchbildung gelangt, weil
ihre eigenthümliche Entwickelung durch die karolingische Reform abgeschnitten
wurde. Sie begegnet uns vorzüglich in Urkunden, aus welchen sie ja auch
hervorgegangen ist, wird aber da verkünstelt und verschnörkelt, die Buchstaben sehr zusammengedrängt und deshalb oft schwer zu lesen. Für diese

Urkunden ist grundlegend Mabillon De re diplomatica (1681, Suppl. 1704), durch welches Werk dieselben zuerst bekannt wurden. Alle erhaltenen Originale (doch darunter auch unechte) facs. in: Letronne, Diplomata et Chartae Merov. aetatis in archivo Franciae asservatae, 1848, mit dem Text u. Serie II von Jules Tardif, 1866. Schöne Nachbildungen von Urkunden des 8. Jahrhunderts giebt auch Kopp in seinem Werk de Tachygraphia veterum: in der Kanzlei Karls des Grossen hielt man mit geringer Veränderung an dem alten Brauche fest. Deshalb ist auch hier schon das classische Werk Sickels über die Urkunden der Karolinger zu erwähnen, nebst den dazu gehörigen Schrifttafeln aus dem Nachlasse von U. F. von Kopp (Wien bei C. Gerold's Sohn 1871), worin 15 Tafeln nach karolingischen Diplomen von 753 bis 820, mit sämmtlichen Kanzlerunterschriften, enthalten sind. Vergl. auch Herquet, Specimina diplomatum monasterio Fuldensi exhibitorum, Cassel 1867. Eine ausgesuchte Folge in kleineren Bruchstücken bietet das Musée des Archives, Paris 1867, 4. Einzelne Urkunden auch bei Silvestre III, photographisch von 680 u. 750 Pal. Soc. 119. 120, v. 682 im Messager des sciences hist de Belgique 1878. Arndt t. 10 vom 30. Oct. 688 nach Letronne verkleinert.

Hierhin gehören auch die 'Authentiques de Reliques de l'époque Mérov. découvertes à Vergy', von L. Delisle, Rome 1884 (Extr. des Mélanges d'Archéologie et d'hist. publ. par l'École Franç. de Rome), Schrift des 7. oder 8. Jahrh.

Diese Schrift ist nun auch zu Büchern verwandt; aber auch abgesehen von der uncialen und halbuncialen Schrift, welche noch immer die eigentliche Bücherschrift war, gab es zu derselben Zeit eine Menge verschiedener Schriftarten, welche zuweilen in derselben Handschrift erscheinen, weil man die einzelnen Lagen an verschiedene Schreiber vertheilte, auch die Schreiber sich ablösen liess. Das ist in sehr instructiver Weise gezeigt in den verschiedenen, mit schönen Heliogravuren versehenen Abhandlungen von L. Delisle über merow. Hss. über Eugyppius (oben S. 7), sur un Ms. de l'Abbaye de Luxeuil copié en 625 (669 nach Julien Havet, Questions Mérov. III), sur un Ms. Mérov. de la bibl. d'Épinal (662 oder 744), sur un Ms. Mérov. de la bibl. de Bruxelles, unter Nomedius, 695 – 711.

Wenn man nun auch als Merowingisch im engeren Sinne diejenige Schrift bezeichnen muss, welche den Diplomen am ähnlichsten ist, wie z. B. Arndt t. 11 nach E. Ranke: Par Palimpsestorum Wireeb. (Wien 1871) und t. 28, so ist es doch bedenklich, eine häufig vorkommende Form als langobardisch zu bezeichnen. Delisle, welcher darin Mabillon folgt, sieht (in der zuletzt angeführten Abh.) in der Anwendung dieser Schrift den Einfluss langobardischer Mönche. Allein bei mancher Aehnlichkeit, welche sich aus dem gemeinsamen Ursprung erklärt, sind doch auch Unterschiede, namentlich in der Form des a. Zu dieser Gattung gehören der aus Corbie stammende Venantius Fortunatus (Mab. p. 353, Arndt 6), die zwischen 814 u. 821 in Noirmoutiers für Adalhard geschriebene Hist. tripertita, der Orosius in Donaueschingen. Vgl. damit den Codex canonum Paris. 3836 Colb. 784 s. VIII (Pal. Soc. S. 9) u. die Unterschrift des Evang. v. Autun von 754 (oben S. 5). Dieselbe Schreibart findet sich in der Canonensammlung s. VIII. der Hamilton-Sammlung (Neues Archiv VIII, 332. 403).

Eine merkwürdige Uebergangschrift s. VI. zeigt der Avitus auf Papyrus bei Champollion-Figeac in den Chartes et Manuscrits sur Papyrus, und in den Études paléographiques et historiques sur le Papyrus du sixième siècle, Genève 1866, von L. Delisle, A. Rilliet u. H. Bordier; 1 Seite Pal. Soc. 68. Ausgezeichnet schöne Proben der ausgebildeten merowingischen Schrift geben Silvestre, und besonders Graf Bastard 16—73 (s. Neues Archiv VIII, 454—458) mit der ganzen Fülle phantastischer Initialen. Auch Sickel, Mon. Graph. IV, 3 aus einem Codex canonum s. VIII. capituli Veronensis; Greg. Turon. Paris. 17655, ed. Arndt, t. 3; u. die Proben zum Cabinet des Mss. von L. Delisle.

VI

Halbuncialschrift.

Während aus der Cursive sich neue Schriftgattungen entwickelten, hielt man doch zugleich auch an der überkommenen Uncialschrift für Bücher fest,

mischte diese aber häufig in zunehmendem Grade mit Formen, welche theils
aus der Cursive stammen, theils durch Degeneration in der Uncialschrift selbst
entstanden. Schoenemann hat zuerst diese Schrift als halbuncial bezeichnet.
Den Anfang dieser Bildung berührten wir schon oben bei der Uncialschrift.
Schon im 6. Jahrhundert entstanden auf diese Weise Handschriften, welche
grosse Aehnlichkeit mit der späteren Minuskel haben, und die man deshalb
auch vorkarolingische Minuskel nennen kann. In der eigentlichen
Bücherschrift bestand ein specifischer Unterschied von der Uncialschrift nicht,
und man konnte deshalb auch ein Manuscript dieser Art als Romana
scriptura geschrieben bezeichnen, wie es im 11. Jahrhundert im Catalog
der Bibliothek von Saint-Père de Chartres geschah (Bibl. de l'École des chartes
III, 5, 266), ein Ausdruck mit welchem sonst die reine Uncialschrift im
Gegensatz der Urkundenschrift gemeint ist, wie im Chron. Fontanellense (Mon.
Germ. II, 287—289). Halbuncial ist schon die gleichzeitige Fortsetzung der
Fasti consulares von 487 bis 494 im Veroneser Palimpsest (Exempla 30);
ferner der 509 oder 510 in Cagliari geschriebene Hilarius, bei Mabillon S. 355,
Nouveau Traité III, 263, Ottley VI, 9 (Ex. t. 52. Pal. Soc. 136). Ottley war
durch den antiken Charakter der Bilder in der von ihm behandelten Handschrift der Aratea (Archaeologia XXVI) so erfüllt von dem Glauben, dass hier
unmöglich eine spätere Nachahmung vorliegen könne, dass er den vergeblichen Versuch machte, die Existenz karolingischer Minuskel schon in antiker
Zeit nachzuweisen. Konnte nun auch dieser Versuch nicht gelingen, so ver-
danken wir ihm doch eine schöne Zusammenstellung von Schriftmustern, unter
welchen namentlich das aus dem Nouveau Traité III pl. 46 entlehnte von dem
517 in Verona geschriebenen Sulpicius Severus (per me Ursicinum lectorem
eccl. Veron. Agapito consule) die frühe Entstehung dieser alten halbuncialen
Minuskel mit einem dafür so seltenen urkundlichen Datum nachweist. Vgl.
Exempla 32. Dass die Unterschrift mit dem Texte erst später abgeschrieben
sei, ist behauptet, aber nicht wahrscheinlich. Dieselbe Schrift finden wir im
Pabstcatalog bis 523, fortgesetzt bis c. 530 aus Corbie (cod. Paris. 12097,
Mab. p. 357; Ex. 40) nebst der dazu gehörigen Canonensammlung (Ex. 41. 42);

4*

in dem Cölner Pabstcatalog bis auf Agapit (535. 536), fortgesetzt bis auf Gregor I (Ex. 37. 38), mit der wenig jüngeren Canonensammlung (Ex. 44); der cod. Casin. 150, zusammengesetzt aus zwei Theilen, deren zweiter vor 569 geschrieben ist, Bibl. Cas. III, 316—362, Ex. tab. 53; Mailänder Hss. aus Bobio Pal. Soc. 137. 138. 161. 162; II, 9. 10 Ashburnham-Librische Hss. aus Tours u. Fleuri; II, 13 der Wiener Hilarius auf Papyrus mit halbcursiven Marginalien. Aehnlich mehrere Proben aus Veroneser Handschriften bei Sickel I, 2. III, 1. IV, 2 und bei A. Mai, Nova Patrum Bibl. I Tab. 12 u. 13; auch die obere Schrift über den gothischen Fragmenten bei A. Mai, Ulphilae Specimina, wiederholt in Aschbach's Geschichte der Westgothen; in Berlin der Codex Theol. Lat. fol. 354 von Gregor's Moralien (Arndt 5), corr. von einem Techniker mit dem tiron. 'legi'. Auch den Gregor von Tours, cod. Lugd. Voss. 63 (Arndt 13) kann man dahin rechnen; in alter Minuskel der Ordo canon. aus Metz s. VIII (cod. Bern 289) bei Arndt t. 36.

Durch die karolingische Reform wurde diese Schreibart verdrängt, aber noch lange finden wir ihre Ausläufer in den Handschriften der Volksrechte und Capitularien, welche von den damals noch schreibkundigen Laien geschrieben wurden, und von der Einwirkung der Schule Alkuins nicht berührt waren. So der überaus fehlervolle Papian (Arndt 14) und die Lex Romana Wisigothorum (Arndt 15*), wo die Daten cursiv geschrieben sind, und manche viel jüngere Handschriften.

VII

Irische Schrift.

Vom 6. Jahrhundert an war Irland das Hauptland der Kalligraphie, und auch hier bildeten sich eigenthümliche Schriftgattungen aus, welche aber von den früher erwähnten Nationalschriften unterschieden werden müssen, weil sie nicht auf dem Boden der Cursive erwachsen sind. Die Bewohner der Insel hiessen damals Scotti, und deshalb hat man später auch ihre eigenthümliche Schrift Scriptura Scottica genannt. Hauptwerke darüber sind: Astle, The Origin and Progress of writing, 1783 und 1803, Westwood, Palaeographia sacra pictoria, und Miniatures and Ornaments of Anglo-Saxon and Irish manuscripts, 1868, mit ausserordentlich schönen farbigen Nachbildungen, J. F. Gilbert, Facsimiles of the national Manuscripts of Ireland, 3 Bde. f. 1874—1882, F. Keller, Bilder und Schriftzüge in den irischen Manuscripten der schweizerischen Bibliotheken, Mittheilungen der Antiquarischen Gesellschaft in Zürich, VII, 3. 1852. Verschiedene englische Prachtwerke behandeln einzelne hervorragende Handschriften und beschäftigen sich vorzüglich mit der Ornamentik. Viele schöne Proben, doch ohne Farben, giebt die Palaeographical Society.

Diese Irländer haben drei scharf unterschiedene Schriftgattungen, nämlich:

1. Uncialschrift, z. B. in S. Kilian's Bibel in Würzburg und Columban's Missal, wenn diese in Irland geschrieben sind; das Werk von Gilbert enthält keine Uncialschrift. Der Gebrauch derselben ist also zweifelhaft;

2. eine grosse runde Halbuncialschrift, kalligraphisch ausgebildet, vorzüglich zu liturgischen Büchern;

3. eine kleine spitzige Schrift, welche man als cursive bezeichnen kann, die aber mit der altrömischen Cursive nicht verwandt ist. Diese hielt sich länger als die anderen Gattungen, und blieb namentlich für irische Sprache im Gebrauch. Eine fortlaufende Reihe von Proben bei Eug. O'Curry, Lectures on the Manuscript Materials of ancient Irish History, Dublin 1861. Die letzte ist seine eigene.

Ausserhalb unserer Aufgabe liegt die Geheimschrift Ogham, deren Ursprung streitig ist; s. Astle pl. 31, Keller XI, 2, Hübner, Inscriptiones Britannicae Christianae, 1876.

Zu Ueberschriften und Anfangszeilen dienten Majuskelbuchstaben, welche in seltsamer Weise, namentlich mit eckigen Formen anstatt der Rundungen, verzerrt wurden und auf den ersten Blick ganz unkenntlich sind. Vorzüglich liebten aber die Iren den reichsten Farbenschmuck und verzierten die Initialen und ganze Seiten mit der künstlichsten Verflechtung von Spiralen

und schmalen farbigen Bändern, von denen Giraldus Cambrensis, Top. Hiberniae
II, 38, ed. Dimock p. 123, wahrscheinlich mit Bezug auf das Book of Kells, sagt:
'Sin autem ad perspicacius intuendum oculorum aciem invitaveris, et longe penitius ad artis arcana transpenetraveris, tam delicatas et subtiles, tam arctas et
artitas (acutas?), tam nodosas et vinculatim colligatas, tamque recentibus adhuc
coloribus illustratas notare poteris intricaturas, ut vere haec omnia potius angelica
quam humana diligentia iam asseveraveris esse composita.' Mindestens wurden
die grossen Buchstaben mit Reihen rother Punkte umgeben; ausser diesen aber
sind vorzüglich charakteristisch die mit Vorliebe überall angebrachten Köpfe
von Schlangen, Hunden und Vögeln. Während nun diese Ornamente oft sehr
geschmackvoll erscheinen, sind menschliche Figuren bis zur Caricatur verzerrt;
am leidlichsten gerathen aber sind die Gestalten in dem Book of Kells in
Dublin, welches dem h. Columbkill gehört haben soll und für das älteste gilt,
auch der Uncialschrift noch sehr nahe steht, so dass wir wohl eine wachsende
Entartung auf diesem Gebiete anzunehmen haben, nachdem man anfänglich
die aus der römischen Welt erhaltenen Vorbilder noch leidlich nachgeahmt
hatte. Die Pal. Soc. giebt aus dem Book of Kells, welches hier ins 7. Jahrhundert gesetzt ist, die Tafeln 55—58 (wo in den Ornamenten naturalistisch
gut gezeichnete Thiere und selbst Brustbilder von Menschen sind), 88. 89;
aus den Gospels of Mac Regol, welcher 821 starb, 90 u. 91.

Die Schottenmönche haben sich nun bekanntlich über den ganzen Continent verbreitet, und theils Bücher mitgebracht, theils neue geschrieben; daher
stammt der Reichthum an solchen Schriften (libri scottice scripti) in der Schweiz,
in Würzburg, in Frankreich und Italien, wo Luxeuil und Bobio Stiftungen
irischer Mönche waren. Sie haben auf die Ornamentation fränkischer, langobardischer, westgothischer Handschriften den bedeutendsten Einfluss geübt,
und auch in Urkunden begegnen wir ihren Schriftzügen. In Fulda, wo ja
Marianus Scottus gelebt hat (über seine irischen Expectorationen s. Zeuss,
Grammatica Celtica I p. XXVIII n.), war diese Schrift noch im 11. Jahrhundert ganz üblich, im zwölften aber entschuldigt sich schon der Compilator
der Traditionen, dass er sie nicht recht lesen könne. Der Regensburger

Marianus Scottus, ein berühmter Kalligraph, hat 1019 den Wiener Codex 1247 sehr schön geschrieben, aber in ganz gewöhnlicher fränkischer Minuskel. Eine irische Glosse über seinem Namen zeigt dagegen auch irische Schriftzüge, s. Revue Celtique I, 263, Pal. Soc. 191.

VIII
Angelsächsische Schrift.

Die Angelsachsen waren Schüler der römischen Missionare, hatten aber zugleich auch irische Vorbilder und Lehrmeister. Hier vereinigte sich die Einwirkung der beiden hervorragendsten Kalligraphenschulen des Abendlandes. Proben ihrer verschiedenen Schriftarten sind in Fülle zu finden in den S. 29 angeführten Werken von Astle, Westwood, dem 2. Bande der Pal. Soc. und sonst an vielen Orten; von Urkunden in den Facsimiles of ancient Charters in the British Museum, 4 Bde. f. 1871—1878, u. Facsimiles of Anglo-Saxon manuscripts, 1878 (Urkunden des Domcap. zu Canterbury). Von den Handschriften, welche aus Rom nach Canterbury geschickt wurden, ist vielleicht noch etwas übrig; die Evangelien im Corpus Christi College, Cambridge (S. Augustine's Gospels) in Uncialschrift erscheinen nach Digby Wyatt auch in Verzierung und Bildern ganz antik, und möchten wohl römische Arbeit sein (Pal. Soc., wo sie in die zweite Hälfte des 7. Jahrhunderts gesetzt werden, pl. 33 der Text, 34 u. 44 die einzig erhaltenen Bilder), während andere Handschriften sehr ähnlich erscheinen, aber doch wieder durch die verdächtigen rothen Punkte und Schlangenköpfe irische Einwirkung verrathen, und also in England entstanden sein werden. Eine grosse Fülle reich verzierter Handschriften in Uncial- und grosser schöner Halbuncialschrift ist aus den angelsächsischen Schreibschulen hervorgegangen. In Lindisfarne, dem von Iona aus 634 in Northumberland begründeten Bisthum, wirkte auch nach dem Obsiegen der Angelsachsen 664 die irische Schule fort; hier liess Bischof Eadfrith (698—721) zum Andenken an seinen Vorgänger Cuthbert das Durham book oder S. Cuthbert's Gospels schreiben (jetzt Cotton Nero D. IV, s. Waagen,

Kunstwerke in England I, 134 f. Westwood, Astle pl. 14, Pal. Soc. 3—6 u. 22, Catal. Brit. Mus. pl. 8 11) in Halbuncialschrift, zu welcher um 950 eine angelsächsische Interlinearversion hinzugefügt wurde. Illuminirt ist die prachtvolle Handschrift ganz in irischer Weise; die Gestalten sind zum Theil sinnlos (doch der Evangelist Marcus, Catal. pl. 11, recht gut), die Ornamente ungemein reich und schön, die Farben vortrefflich. Hier ist auch Gold angewandt, welches den Irländern noch fehlte. Die Angelsachsen lernten die Kunst der Goldschrift von den Römern und übten sie mit Vorliebe, auch auf gefärbtem Pergament. Etwa zwischen 670 und 680 liess Erzbischof Wilfrid von York die Evangelien in Gold auf Purpur schreiben, welche für ein Weltwunder galten; es war aber vielleicht römische Arbeit (vgl. oben S. 6).

Auch die gewöhnliche Schrift lernten die Angelsachsen von den Iren, doch hat auch die Halbuncialschrift darauf eingewirkt, und es giebt innerhalb dieser angelsächsischen Schrift bedeutende Varietäten, welche bald der irischen näher stehen, bald sich weiter entfernen, und überwiegend einen mehr rundlichen Charakter haben. Oft ist die Herkunft zweifelhaft und auch der Name Scriptura Scottica umfasst beides. Vielleicht von Bonifatius' eigener Hand rühren die angelsächsischen Glossen des S. 5 angeführten Codex Fuldensis her, in kleiner spitziger, von Cursivformen erfüllter Schrift. In späteren Jahren bat sich Bonifatius eine Abschrift der Propheten aus, die 'claris et absolutis litteris' geschrieben sein sollte, 'quia caligantibus oculis minutas litteras ac connexas clare discernere non possum'. Denn so verbessert E. Ranke in ep. 55 ed. Jaffé wohl richtig für discere. Wie verkehrt, überflüssig und irreführend der übliche Gebrauch besonderer Typen für angelsächsische Schrift ist, hat J. Grimm schon 1833 bemerkt, wiederholt Kl. Schriften V, 163.

Bald machten die Angelsachsen sich von der irischen Barbarei in Bildern und Initialen los, und wenn auch die angelsächsischen Umrisszeichnungen mit ihren langen Gliedmaassen und fliegenden Gewändern noch sehr roh und wenig künstlerisch erscheinen, so lag doch darin der Keim zu einer eigenen, auf Naturbeobachtung begründeten Entwickelung der Kunst. So in den Bildern zum Caedmon, Archaeologia 24. Als frühestes Beispiel dieser eigenthümlichen Manier werden die Bilder des Utrechter Psalters bezeichnet.

Die angelsächsischen Missionare brachten diese Schrift, vorzüglich die Minuskel, wenn wir sie so nennen dürfen, in das fränkische Reich, wo sie auf die Gestaltung der neuen fränkischen Minuskel eingewirkt hat und etwa bis ins 11. Jahrhundert an vielen Orten geschrieben wurde. Von dem vermuthlich 684 geschriebenen Epternacher Martyrol. mit Randbemerkungen von Willibrord (Paris. Lat. 10,837) hat schon Papebroch eine Seite in Facs. gegeben im Propylaeum Antiquarium (Acta SS. Apr. II). Verschiedene Proben dieser Schrift sind in den Mon. Germaniae, bei W. Arndt Taf. 9. 33—35; die in anderer Schrift nachgetragenen Worte auf Taf. 33 sind die Anfangsworte der commentirten Psalmverse, welche auf Taf. 34 uncial geschrieben sind.

Dagegen wirkte bald auch die fränkische Schreibkunst bedeutend auf England ein, und die Schreibkünstler von Hyde Abbey oder New Minster bei Winchester im 10. Jahrhundert schrieben in karolingischer Minuskel, wie auch ihre eigenthümliche Ornamentik fremder Herkunft ist; ihr grösstes Kunstwerk, Godemans Meisterstück, ist das Benedictionale des Bischofs Ethelwold (963—984), beschrieben und mit vielen Nachbildungen herausgegeben von John Gage, Archaeologia Vol. 24; Pal. Soc. 142—144. In dem von Wulfwin mit dem Beinamen Cada geschriebenen Psalter aus dem 11. Jahrhundert, welcher im Besitz des Herzogs von Berry war und sich jetzt in Paris befindet (Lat. 8824), ist in schmalen Columnen neben einander der lateinische Text in schöner fränkischer Minuskel geschrieben, der angelsächsische in der Schrift, welche immer mehr als dieser Sprache eigenthümlich betrachtet wurde. Facs. bei Silvestre IV und in dem unvollendeten Prachtwerk des Grafen Auguste Bastard, Librairie de Jean de France, duc de Berry, Paris 1834.

Die Normannen hatten, wie Ingulf von Croyland berichtet, solchen Abscheu vor der angelsächsischen Sprache, 'quod leges terrae statutaque Anglorum regum lingua Gallica tractarentur, et pueris etiam in scholis principia litterarum grammatica Gallice ac non Anglice traderentur; modus etiam scribendi Anglicus omitteretur, et modus Gallicus in chartis et in libris omni-

bus admitteretur'. Es giebt jedoch noch von Wilhelm I Urkunden in angelsächsischer Schrift und Münzen mit der Rune wen, s. Archaeologia 26, 256
und pl. I. Namentlich für englische Sprache erhielt sich die einheimische
Schrift, endlich jedoch blieb nur das eigenthümliche Zeichen für th übrig,
welches aber zuletzt unverstanden wie y geschrieben und gedruckt wurde.
Im 12. Jahrhundert erscheint die Schrift noch in voller Uebung in dem Psalter
Eadwine's, der mit hohem Selbstgefühl von sich sagte:

> Scriptorum princeps ego, nec obitura deinceps
> Laus mea nec fama: qui sim mea littera clama.

Doch ist auch hier der lateinische Text des in drei Versionen geschriebenen Psalters in fränkischer, schon völlig ausgebildeter Minuskel geschrieben, nur die angelsächsische Interlinearversion in der Nationalschrift,
welche auf diese Bestimmung eingeschränkt erscheint. Facs. in Westwood's
Palaeographia sacra pictoria.

IX

Die karolingische Minuskel.

Das Capitulare von 789 verordnet cap. 71 sorgfältige Correctur der
kirchlichen Bücher; sie sollen nur von erwachsenen Männern unter besonderer
Aufsicht geschrieben werden. Zu der neu auflebenden Kritik des Textes,
welche sich namentlich auch auf Herstellung der ganz verwilderten Orthographie und Interpunction richtete, trat die Pflege der Handschrift. Man ist
damals für Prachtstücke zur Uncialschrift zurückgekehrt, für den gewöhnlichen
Gebrauch aber wurde eine Minuskel ausgebildet, welche wesentlich eine Reform der merowingischen Schrift unter Einfluss der alten Minuskel darstellt.
Schon Godescalk, welcher 781 sein berühmtes Evangeliar in goldener Uncialschrift auf Purpur schrieb, braucht in den Versen, welche er in Minuskel ein-
trug (De Wailly t. IV. Bastard 86), eine Schrift dieser Art, erinnernd an
langobardische Schrift, mit vielen Cursivformen, und mit den nach oben keulen-
förmig verdickten Langstrichen, welche für merowingische und karolingische
Schrift charakteristisch sind. Am Hofe wurde fleissig geschrieben und in

St. Wandrille errichtete 787 Abt Gervold eine Schreibschule. An vielen Orten wird ähnliches geschehen sein. Vorzüglich aber muss für gleichmässige Fortbildung und Verbreitung nach allen Seiten die Schule zu Tours von bedeutendem Einfluss gewesen sein, welcher von 796 bis 804 Alcuin vorgestanden hat. Aus dieser Zeit ist uns kein Manuscript erhalten, dessen Herkunft aus Tours sich nachweisen liesse; denn der cod. Colon. 106, welchen W. Arndt dafür hielt (Taf. 33. 34. 37—40), ist nur eine für Hildebald von Coeln eilig von verschiedenen Schreibern verfertigte Abschrift; die Tafeln daher lehrreich für die damals üblichen Schreibarten. Aber aus der nächsten Folgezeit ist eine Anzahl sicher bestimmter Handschriften vorhanden, welche (25) L. Delisle nachgewiesen hat in seiner Abhandlung: Mémoire sur l'école calligraphique de Tours au IX° siècle (Paris 1885, extr. des Mém. de l' Acad. des Inser. XXXII, 1). Die beigefügten Tafeln zeigen uns als in dieser Schule gebräuchlich die zierliche Capitalis rustica, die für Prachthandschriften vielgebrauchte Uncialschrift, Minuskel, und eine Mittelstufe, welche Delisle als Carolingische Halbunciale bezeichnet, welche besonders eigenthümlich und wohl als Product dieser Schule zu betrachten ist; die Form des a und die Majuskelform des n sind vorzüglich charakteristisch. Die fünfte Tafel bietet zur Vergleichung die Halbunciale einer Handschrift etwa des 6. Jahrhunderts aus Fleuri, mit Randbemerkungen in alterthümlicher Cursive, mit einer Zusammenstellung ähnlicher Handschriften auf S. 26. Augenscheinlich hat man sich in Tours nur an solche Vorbilder gehalten, und von merowingischer oder angelsächsischer Einwirkung ist hier keine Rede. Die hier ausgebildete Minuskel ist die Form, aus welcher sich im Laufe der Zeit die regelmässige gerade Minuskel entwickelt, während die karolingische einen mehr rundlichen, freieren Charakter hat. Wir erkennen diesen auch in den verschiedenen, weniger kunstreich durchgebildeten Schriften des 9. Jahrhunderts, in welchen sich mehr cursive Anklänge finden; merkwürdig ist die Mischung im Heidelb. Paulus Diaconus, bei Waitz, SS. Rer. Langob. tab. IV. Durchgehend sind die nach oben verdickten Langstriche, welche auch in der alten Halbunciale bei Delisle bemerklich sind. Die Worttrennung ist noch unvollkommen.

5*

Proben dieser Schrift finden sich in den ersten Bänden der Monumenta Germaniae, bei Delisle im Atlas zum Cab. des manuscrits, bei Silvestre, in W. Grimm's Altdeutschen Gesprächen, v. Karajan's 2 deutschen Sprachdenkmalen (Sitzungsberichte der Wiener Ak. 25, 324), im Archiv der Wiener Ak. 27, Taf. I von Cozroh's Hand (821—848), in F. Keller's Ausgabe des Reichenauer Nekrologes (Mittheil. der Antiq. Ges. VI) von 850; Regensburger von 821 u. 823 (ausser vielen anderen Pal. Soc. 122 u. 123; Arndt 15ᵇ u. 41—44) und sonst an vielen Orten. Recht charakteristisch erscheint sie in den Handschriften, welche der Probst Manno, unter Ludwig dem Stammler Vorsteher der Hofschule, nach der Mitte des Jahrhunderts schreiben liess, und bei seinem Tode der Abtei S. Eugendi (Saint-Oyan, später Saint-Claude genannt) vermachte; s. das schöne Facs. von Pilinski, Bibl. de l'École des chartes VI, 4, 218. Das Sanctgaller Antiphonar cod. 359, angeblich von Hadrian an Karl geschickt, ist wegen des Sanctgaller Charakters der Schrift augenscheinlich eine Copie; es ist ganz facsimilirt in der Ausgabe von Lambillotte, Antiphonaire de S. Grégoire, Brux. 1851, 4.

Wegen der Urkundenschrift, welche erst unter Ludwig dem Frommen von der Reform berührt wurde, genügt es auf Sickel's schon angeführtes Werk und auf die Kaiserurkunden in Abbildungen von H. v. Sybel u. Sickel zu verweisen.

Neben der Arbeit für den täglichen Gebrauch war aber die Richtung dieser Zeit auch ganz vorzüglich der Verfertigung von Prachtstücken zugewandt, welche vielleicht niemals an Schönheit übertroffen sind. Purpurnes Pergament, Gold und Silber, Capitalschrift, nach den besten alten Inschriften sorgfältigst copirt, verschiedene Uncialformen, dazu Ornamente und Bilder nach antiken Mustern mit feinem Geschmack ausgewählt, alles vereinigt sich, um wahrhaft staunenswerthe Kunstwerke herzustellen. Den Höhepunkt erreichte diese Kunst unter Ludwig dem Frommen und Karl dem Kahlen, nach welchem sie der wachsenden Noth der Zeit erlag. Eine genügende Vorstellung von ihrer Schönheit und der Fülle noch jetzt vorhandener Exemplare gewährt nur das grosse Prachtwerk des Grafen Bastard, Peintures et ornaments des Manuscrits, classés dans un ordre chronologique pour servir à l'histoire des

arts du dessin depuis le 4ᵉ siècle jusqu' à la fin du 16ᵉ. Leider aber ist dieses
im grössten Format erschienene Werk unvollendet; 20 Lieferungen zu 8 Tafeln, jede 1800 francs kostend, sind erschienen, ohne Text und ohne irgend
ein System. Die späteren Lieferungen enthalten merkwürdige Proben aus
merowingischen, namentlich auch südfranzösischen Manuscripten. Jetzt lässt
sich, dank einem Aufsatz von Delisle in der Bibl. de l'école des chartes,
Bd. 43, der Inhalt übersehen und nach Nummern anführen; vgl. die von mir
gegebene Uebersicht im Neuen Archiv VIII, S. 449 – 469. Ausser Westwood,
Silvestre, Libri in den Mon. inédits, der Pal. Society, erwähne ich Arneth,
Evangeliar Karls des Grossen in der Schatzkammer, im 13. Band der Denk-
schriften der Wiener Akademie, mit schönen Proben, und die ältere Abhandlung von Sanftl über das Evangeliar von St. Emmeram (Ratisb. 1786), welches
für Karl den Kahlen geschrieben ist; Westwood, The bible of the monastery
of St. Paul near Rome, described and compared with other Carlovingian manuscripts, Oxf. and London 1876, 4. Von dieser Bibel, auch von San Callisto
genannt, geschrieben von Ingobert, heisst es in einer Beschreibung von Rom
vom J. 1450 (Arch. della Soc. Romana IV, 568), dass St. Hieronymus sie
mit eigener Hand geschrieben habe, ein recht deutliches Beispiel von dem
Unwerth solcher angeblicher Ueberlieferungen. Jorand, Grammatographie du
neuvième siècle, Paris 1837, giebt Initialen-Alphabete aus einer Bibel Karls
des Kahlen (Bible de St. Denis, cod. Lat. 2), welche in merkwürdiger Weise
den Einfluss und die Benutzung irischer Elemente zeigen.

Unter Karl dem Grossen ist die Nachahmung antiker Vorbilder durchaus überwiegend, und neben den kirchlichen Schriften verwandte man ähnlichen Fleiss auch auf profane Bücher. So ist im Vatican ein Terenz mit
Bildern, welche antike Vorlagen genau wiedergeben (ed. Cocquelines Romae
1767), ein anderer mit Federzeichnungen in Paris (Pal. Soc. 36; s. jetzt auch
besonders E. Chatelain, Paléographie des Classiques Latins, 1. livr. 1884).
Besonders merkwürdig aber sind die schon erwähnten Aratea, deren vorzüg-
lichste Handschrift (Harl. 647, s. Ottley in Archaeologia Vol. XXVI) den
Text in karolingischer Minuskel, die Sternbilder in täuschend antiker Weise

enthält, während im Cod. Cotton. Tib. B 5 die Bilder schon verändert, in den Ornamenten irische Elemente, im Cod. Harl. 2506 aus dem 11. Jahrhundert angelsächsische Umrisszeichnungen an die Stelle getreten sind.

Für das unerschöpflich reiche Feld der Ausschmückung der Handschriften mit Bildern und verzierten Initialen ist vorzüglich Waagen sehr thätig gewesen und hat zu weiterer Bearbeitung die Wege gewiesen; ihm ist Alfred Woltmann gefolgt in der Geschichte der Malerei, I, Leipz. 1879. Sehr empfehlenswerth ist: The Art of Illuminating as practised in Europe from the earliest times. Illustrated by Borders, Initial letters and Alphabets, selected and chromolithographed by W. R. Tymms, with an Essay and Instructions by M. Digby Wyatt, Architect. London 1860, 4. Während die Abhandlung von Wyatt sehr lehrreich ist, gewähren die 100 Tafeln einen guten Ueberblick über die successiven Moden und Methoden der Ornamentik. Ueber das Prachtwerk der Sanctgaller Kalligraphie, das Psalterium aureum, ist 1878 in glänzender Ausstattung von dem Hist. Verein von St. Gallen ein Werk erschienen, dessen lehrreicher Text von Rudolf Rahn die karolingische Kalligraphie vielfach berührt, welche unter Abt Grimald (seit 841) in St. Gallen Pflege fand und schöne Werke schuf. Die reiche, aber oft unverstandene, auf keinen eigenen Studien beruhende Farbenpracht dieser Zeit, fremden Vorbildern nachstrebend, erinnert an die älteste, ebenfalls unter fremder Einwirkung stehende Periode hellenischer Kunstgeschichte: keine Fortbildung schloss sich daran, und zunächst ist es nur die geschmackvolle Ausschmückung der Initialen, in welcher die eigene Kunstthätigkeit Fortschritte zeigt.

--- --- ---

X

Das Zeitalter der ausgebildeten Minuskel.

Die fränkische Schrift hat, wie wir schon gesehen haben, immer weitere Ausbreitung gewonnen und ist endlich zur Alleinherrschaft gekommen. Ihr Entwickelungsgang besteht darin, dass bis zum 12. Jahrhundert sie zu immer grösserer Regelmässigkeit vorschreitet. Jeder Buchstabe hat seine bestimmte Form und steht unabhängig neben dem andern; die Striche sind scharf und gerade, die Worte vollständig getrennt, Abkürzungen nur mässig angewandt, die Interpunction sorgfältig. Es ist, mit einem Wort, die auf der Grundlage der karolingischen Reform ausgebildete Schrift, zu welcher im 15. Jahrhundert die Humanisten zurückkehrten, und welche dann auch von den Buchdruckern nachgeahmt wurde, nachdem man zuerst die allgemein übliche Mönchsschrift als Vorbild der Lettern benutzt hatte. Dadurch entstand der Gegensatz der sogen. lateinischen Schrift zur deutschen, den man vorher nicht gekannt hatte.

Natürlicher Weise vollziehen sich die Veränderungen der Schrift nicht vollkommen gleichmässig, und es lassen sich locale Verschiedenheiten unterscheiden; aber diese Abweichungen sind merkwürdig gering und der Entwickelungsgang auch in grosser Entfernung sehr übereinstimmend. Freilich darf man nicht mit zu grosser Zuversicht Altersbestimmungen aufstellen; es schrieb auch damals ein alter Mönch anders als ein junger Scholar. Ein sehr wichtiges Gesetz aber ist dieses, dass im Allgemeinen der Westen vor dem durchschnittlichen Standpunkt um ein halbes Jahrhundert voraus ist, der Osten um eben so viel zurückbleibt. Bethmann (Pertz' Archiv VIII, 69) fand bei der Beschäftigung mit den Handschriften von Mont-Saint-Michel in der Normandie, dass man geneigt sein würde, sie um 50 Jahre zu spät anzusetzen, und eine Salzburger Handschrift, welche durch die Erwähnung des Gratian der Mitte des 12. Jahrhunderts zugewiesen wird, trägt ganz den Charakter des elften. Auch stimmt diese Beobachtung mit den Ergebnissen der Kunstgeschichte vollkommen überein. G. von Buchwald (Zeitschr. f. Schlesw. Holst. Lauenb. Gesch. VII, 298) bemerkt, dass noch der Süden resp. Norden mit dieser Bestimmung verbunden werden müsse.

Mit der Bücherschrift des 10. Jahrhunderts hat sich besonders eingehend Th. Sickel beschäftigt in seiner Abhandlung: Das Privilegium Otto I. für die römische Kirche vom J. 962 (1883), welches selbst ein hervorragendes Beispiel derselben darbietet. Er bezeichnet diese Schrift, welche er nach-karolingische Minuskel nennt, als eine gleichmässige, kräftige, aber schmucklose, die in der zweiten Hälfte des Jahrhunderts, indem sie sich über Deutschland hinaus ausbreitet, einen allgemeinen und einförmigen Charakter im ganzen Abendland gewinnt. Vgl. auch St. Beissel, Die Bilder der Hs. des K. Otto zu Aachen, 1886. Die Gefälligkeit der leicht gerundeten karolingischen Formen ist in der festen Bücherschrift verschwunden, doch begegnet sie auch noch im 11. Jahrh., wo auch einzelne cursive Elemente noch gar nicht selten sind.

Beispiele der ausgebildeten Minuskel bieten in vorzüglicher Güte, und wegen der genauen Zeitbestimmung besonders werthvoll, die Monumenta Germaniae aus den Chroniken des Bernold, Ekkehard, Sigebert, des Annalista Saxo, Donizo; andere, auch aus mehr kunstreich geschriebenen Büchern, die Pal. Society und die Schrifttafeln von W. Arndt. Urkundenschrift z. B. die Origines Guelficae, die Kaiserurkunden in Abbildungen. In dieser Zeit ist der Unterschied zwischen Urkundenschrift und Bücherschrift sehr gering und besteht fast nur in einigen unwesentlichen Schnörkeln.

Die Initialen sind oft sehr geschmackvoll verziert und werden in vielen Scriptorien mit hingebender Liebe, reicher Fülle der Phantasie und nicht ohne Kunstsinn hergestellt. Sehr stark tritt das Blatt-Ornament hervor, welches der älteren Kunst fehlte. Für grössere Miniaturen verschwindet aber der unter Karl erneute Einfluss antiker Muster; nur hin und wieder, vorzüglich in Italien, ist byzantinischer Einfluss merklich. Sonst erscheinen rohe Umrisszeichnungen, die aber den Keim des bedeutenden Fortschritts enthalten, welcher im 12. Jahrhundert hervortritt. Eine schön ausgeführte Folge von Alphabeten in Farbendruck, mit Schriftproben, vom 12. bis 16. Jahrhundert, bei Arnold und Knoll, Sammlung von Initialen, I. Leipzig 1867, 4. Auch das Musée des Archives bietet neben den Schriftproben schöne Beispiele der Verzierung, mit welcher in zunehmender Weise auch Urkunden ausgestattet wurden.

Gegen den Ausgang des 12. Jahrhunderts beginnen an den früher gerade abgeschnittenen unteren Enden der Buchstaben starke Abschnittslinien bemerklich zu werden, dann biegen sich die Striche selbst unten nach vorn in die Höhe, und geben dadurch der ganzen Schrift ein verändertes Ansehen, namentlich wird die Aehnlichkeit von n und u dadurch herbeigeführt. Man schreibt viel mehr, und deshalb auch rascher und nachlässiger, die Dinte wird schlechter. Die Bettelmönche ergiessen ihre Gelehrsamkeit in ungeheuer umfänglichen Werken, zu welchen der Prior nicht geneigt ist das theuere Pergament zu beschaffen, und daher wird von ihnen vorzüglich der Gebrauch der Abkürzungen auf die Spitze getrieben. Uns erscheint diese Aenderung als beginnende Entartung; aber damals zog man die moderne Schrift der älteren vor, und libri de littera nova standen in Bologna höher im Preise als libri de littera antiqua. Mancherlei Varietäten bildeten sich, littera Boloniensis oder Lombarda, Aretina, Parisina, Anglicana etc.

Im Laufe des 14. Jahrhunderts wurde die Schrift immer eckiger gestaltet und es bildet sich die gitterartige Schrift aus, welche man Gothisch oder Mönchsschrift nennt; Gothisch natürlich ohne irgend eine Beziehung auf das Volk der Gothen, aus der Zeit stammend, wo man das damals gering geschätzte Mittelalter mit dieser Benennung verächtlich zu bezeichnen pflegte. Ein schönes Beispiel davon gewährt der Liber Regalis von Westminster bei Westwood, und die Statuts de l'ordre du St. Esprit, institué à Naples en 1352 par Louis d'Anjou, ganz facsimilirt vom Grafen Horace de Viel-Castel, Paris 1853. In den Verzierungen herrschen jetzt die im 13. Jahrhundert aufkommenden von abwechselnd rother und blauer Farbe durchaus vor. Daneben beginnen die überaus reichen Randverzierungen, bei welchen namentlich das Dornblattmuster beliebt ist, von welchem man gegen das Ende des 15. Jahrhunderts übergeht zu der Abbildung ganzer Pflanzen, Blumen und Früchte mit Käfern und Schmetterlingen auf Goldgrund, wie in dem berühmten Gebetbuch der Anna von der Bretagne, welches in einem französischen Prachtwerk (Paris, L. Curmer, 1859, gr. in-4.) vollständig reproducirt ist. Ein sehr schönes Werk dieser Kunstschule befindet sich im Bruckenthalischen Museum in Hermannstadt, merkwürdig dadurch, dass die letzten Blätter mit Randverzierungen versehen, aber nicht mehr beschrieben sind, weil der Text fertig war. Man sieht daraus, dass die verzierten Blätter für elegante Andachtsbücher damals fabrikmässig gearbeitet wurden, um den Text nachträglich einzuschreiben, worauf als dritte Stufe die Ausmalung der Initialen folgte. Allein die Auszierung der Manuscripte fällt in dieser Zeit schon ganz der Kunstgeschichte anheim; man unterscheidet förmliche Schulen, wie die giotteske in Italien und die französisch-niederländische der Künstler, welche für die Söhne des Königs Johann, Karl V und seine Brüder, die unvergleichlich schönen Prachtwerke geschaffen haben, von welchen Silvestre glänzende Proben giebt. In der Schrift selbst gab es eine Menge verschiedener Arten, textus quadratus und bastardus, nebst vielen Abarten, und fractura und notatura für Urkundenschrift. Sehr interessant und lehrreich ist die ausführliche Anleitung zur Bildung der einzelnen Buchstaben in notula simplex, d. h. in gewöhnlicher Urkundenschrift, welche H. Palm im Anzeiger für Kunde der deutschen Vorzeit 1865 Nr. 2 u. 3 mitgetheilt hat. Kunstschreiber aber suchten ihren Ruhm darin, die Schriftarten zu vervielfältigen und mit abenteuerlichen Namen zu belegen. Herumziehende Schreiblehrer, wie Johann vamme Haghen (Cod. Berolin. Lat. f. 384) stellten Ankündigungen mit einer Fülle verschiedener Proben aus, und von Leonhard Wagner, Mönch zu St. Ulrich und Afra in Augsburg, der 1522 starb, wurde gerühmt, dass er über 70 Schriftarten verstanden habe zu machen. Während man nun als Bücherschrift einerseits die eckige Mönchsschrift beibehielt, welche vorzüglich in den grossen Chorbüchern ihre höchste Ausbildung erhielt (s. Paleografia artistica di Montecassino I. II. Gotico corale), daneben doch gewöhnlich eine einfachere und bequemere Schrift vorzog (ein hübsches Uebungsstück ist das ganz phototypirte Scriptum super Apocalypsim cum imaginibus, Pragae 1873, 4.), scheute man sich auch nicht vor der flüchtigsten, kaum kenntlichen Cursive; die Humanisten aber kehrten verständiger Weise zu der reinen Minuskel des früheren Mittelalters zurück, welche sich aus der karolingischen der Schule von Tours entwickelt hatte; der Ausgangspunkt dieser neuen Schriftgattung war nach Anziani (bei Delisle, L'école calligr. de Tours, p. 6) die Werkstatt des Niccolò Niccoli in Florenz, und als besonderer Meister derselben galt Poggio (s. G. Voigt, Wiederbelebung des classischen Alterthums I, 401). Für die Aldinische Druckerei aber erfand Francesco Griffo aus Bologna die schönen italienischen Lettern (Vernarecci, Ottaviano Petrucci da Fossombrone inventore dei tipi mobili metallici fusi della musica, Bol. 1882, S. 128—130, nach C. Paoli).

Veränderungen der einzelnen Buchstaben.

A

Die Normalform erscheint nur in künstlich hergestellter Capitalschrift, im Vergil. Sangallensis, in Karol. Nachahmung und als Initiale. Herc. λ, λ, λ. Cap. λ, λ, λ, λ. Pomp. Wachst. λ. Siebenb. Γ, kais. Γ, Γ. Unc. λ, λ, λ, λ, im Gaius schon a. Daraus entsteht halbunc. λ, λ, λ, λ, aber auch α, α, α, α, α, u. Curs. u, u, u, v, v, u. Jüngere Curs. u, u, u, oft nach beiden Seiten an andere Buchstaben angelehnt und dadurch undeutlich, z. B. al ta, ψ ae, ℏ an, wie es denn sehr häufig in solcher Weise als kleiner, oft kaum bemerkbarer Haken über der Zeile erscheint. Die Nationalschriften haben meistens u, α, λ, in vielfach wechselnder Form. Lgb. α, α, übergehend in ∞, α. In alten Pabstbullen ω, auch w (Urban II). Merow. u, α, α, α, oft klein oben oder unten angehängt:

44.

ꝑ ap, ẜ am, ꜩ an, ꝳ ma, ꝥ ar, ꝵ ari, Verbindungen welche einzeln noch bis ins XI. vorkommen, besonders das unten angehängte ꝫ. Auch karol. erhält sich u neben a und dem seltneren α, ɑ; für Ḫervor. von Tours ist characteristisch a. Das offene u wird bei zunehmender Geradlinigkeit und Regelmäßigkeit der Schrift dem u zu ähnlich, passt — auch nicht mehr zum Character der Minuskel. In Urkunden ist cc anfangs ganz vorherschend, noch im XII. häufig, verschwindet dann auch hier, und erhält sich nur in Abkürzungen wie q̄ qua, ꝺ contra, p̄ pra, oft auch eckig wie in ꝗ gra, wo der Ursprung vergessen war. In Bücherschrift ist a von Anfang an häufiger, und cc verschwindet schon im X. Im XII. macht bei einzelnen Schreibern die Verlängerung des Seitenstrichs es dem d ähnlich, z. B. idᵍiacit. Aus a wird im XIII. a, welches im XIV. sehr häufig ist als a, a, a, a, so dass es als characteristisch für das XIV. gilt. Es bleibt aber diese Form auch im textus des XV. und andererseits sind a, a, a nie ganz verschwunden und werden im XV. häufiger. Das poln. a�, jetzt ą, ein nasaliertes a, kommt im XV. auf.

Ueber ae s. den Buchstaben E.

B

ist Unc. nicht selten höher als andere Buchstaben, z. B. im
Gaius Be, Bg. Schon in Pomp. Wandschr. kommt Þ vor, und diese
Form dringt im VI. auch in Unc. ein: be, be. Vom VII. an erscheint
B nur noch als Majuskel. Pomp. Wandschr. auch β, β, was vielleicht
hinüberleiten kann zu Pomp. Wachst. d, Siebenb. d, Kurs. d, d, d.
Aehnlich im VIII. dd bb, dg bi, in Urkunden δ. Westg. d. Gew.
Cursivform b, b. In Nat. noch oft mit dem Ansatz, der wohl
ein Nachklang der verlorenen zweiten Rundung ist: b, b, lgb.
b. Noch in Urkunden VIII. IX. b, b, b. Sonst ist die regelmässige
Form b, im XIV. XV. auch häufig b, b, b (cod. Monac. lat. 416).
Um 1200 liebte man die Ligaturen mit e, so b be.

C

erleidet keine bedeutende Umwandelung, nur wird es wie alle Buchstaben nach dem XIII. eckig c, und ist dann oft von t
nicht zu unterscheiden. Curs. überragt es oft die anderen Buchstaben, so Wachst. C, u. besteht aus 2 Stücken, so Mai. Co, Cu, C.
Undeutlich wird es durch Anlehnung an andere Buchstaben,

wie $\mathcal{E}\mathcal{H}$ acri, $\mathcal{H}^o$ ic, und in Ravennater Urkunden

$\mathcal{E}\mathcal{S}$ co, $\mathcal{S}$ ce, $\mathcal{P}$ oti, $\mathcal{K}$ ec; kais. $\mathcal{E}$, $\mathcal{E}$,

und ähnliche Formen in Ueberganschriften, merow. oft $\mathcal{E}$, welches in
Karoling. Urk. die regelmässige Form ist, z. B. $\mathcal{E}$ $\mathcal{E}\mathcal{C}$ $\mathcal{E}\mathcal{C}$ Ed. Der obere Haken dient zur Verknüpfung mit t, Urk. s. X. c̄ t, und das bleibt auch
nachdem das einfache c den Haken verloren hat, auch in Bücher-
schrift, z. B. $\mathcal{E}\mathcal{C}$, $\mathcal{C}\mathcal{C}$, $\mathcal{C}\mathcal{C}$, $\mathcal{C}\mathcal{C}$, sogar bei Zeilenbrechung di̅c̄ | c̄u . Im XIV. XV.
kommt wohl nur noch vor $\mathcal{C}\mathcal{C}$, $\mathcal{C}\mathcal{C}$, wo noch die grössere Höhe des t an
die alte Form erinnert. In Min. ist schon Karol. C gewöhnlich; im
XI. wird es oft durch einen Ansatz vorn dem r ähnlich, so im cod.
Lat. Monac. 17142 $\mathcal{r}$, neben r. Merow. ist in Ueberschriften beliebt L .

D

ist Karol. länglich: D, D, Pomp. auch $\mathcal{S}$, $\mathcal{S}$, $\mathcal{S}$, $\mathcal{S}$. Unc. $\mathcal{S}$, $\mathcal{S}$, D, auch
$\mathcal{S}$, $\mathcal{S}$. Seit V. dringt aus Curs. auch $\mathcal{S}$, $\mathcal{S}$ ein. Gaius hat $\mathcal{S}$ u. $\mathcal{S}$.
Pomp. Wechst. $\mathcal{S}$, $\mathcal{S}$, $\mathcal{S}$, Sieb. $\mathcal{S}$, $\mathcal{S}$, Kais. D, D, Max $\mathcal{S}$, $\mathcal{S}$, Rav. $\mathcal{S}$ u
in Verknüpfung $\mathcal{S}$, $\mathcal{E}\mathcal{S}$, $\mathcal{E}\mathcal{S}$. Ägs. $\mathcal{S}$, $\mathcal{S}$ neben $\mathcal{U}$, $\mathcal{S}$, $\mathcal{S}$, zuweilen mit ganz kurzem Seitenstrich $\mathcal{S}$. Westg. u. lgb. $\mathcal{S}$ u. $\mathcal{S}$

werig. auch ⱶ. Merow. u. karol. ist der gerade Seitenstrich häufiger,
in einzelnen Hss. z. B. bei Thietmar von Merseburg ist ꝺ häufig, kommt
von XII. an überall vor, auch ꝺꝺ, ꝺꝺ (1106) und vom XIV. an fast aus-
schliesslich, nur modificiert nach dem Character der übrigen Schrift,
theils eckig ꝺ, theils in flüchtig rundlicher Schrift ꝺ, ꝺ, ꝺ.
Sehr häufig wird gegen XII. u. in demselben die Ligatur ꝺ de, später ꝺe, ꝺe, auch ꝺe da.

Für dh schon in Gall. Iss. Ð (Mommsen, Röm. Gesch. V, 91), ags. und
altniederdeutsch Ð, đ, ᵹ, ꝩ.

E

Cap. E, oft mit sehr kurzen Querstrichen Ɇ. Here. E u. Є. Unc. Є,
Є, Ƹ, Ɛ, auch schon sehr früh ℮. Wachst. ‖ wie in Inschriften
der Zeit. Kais. Ѵ, Ѵ. Max. Є, meistens aber an andere Buchstaben angelehnt z. B. ꝫ = em, ⱸ = et, ꬉ = eu, ꬉ = es. Rav. Ɛ,
überragend u. fast immer in Verbindungen, z. B. Є ee,
ꝛ℮ reo, u. ꝭ ꝭ ꝭ ꝭ vetere. In anderer Curs. wird ꝫ
auch ganz klein, z. B. ꝩ er, m em. Eigenthümlich in dem Pap.
bei Arndt t. 27 ꝭ, ꝭ, erinnernd an das ꝭ päbstlicher Bullen.

In Nat. ist die Grundform ꜫ, ꜫ, ꜫ, aber oft sehr verändert durch Anlehnung. Die häufige Abkürzung ꝗ für eius im Chr. Casin. hat der deutsche Abschreiber s. XII. irrig qui gelesen. Aps. neben ꝫ, ꝫ oft ꜫ, ꝯ er, ꝰ eg, ꝫ, auch ꝫ et. Karol. ꝫ mit der sog. Zunge, welche nach und nach verschwindet, später ꝫ, zuweilen ganz wie c : ꜫ, ꜱ, c, neben den deutlicheren Formen ꜫ, ꜱ. Sorgfältige Schreiber setzen zuweilen, wo das Auge sich gefüllt hätte, ꜫ. Im XIV. findet sich curs. u. a. ꝺ, ꝺ; im XVI. kommt ꝓ auf. Einzelne alte Cursivformen finden sich auch in Min. besonders in Buchstabenverbindungen bis ins X. so ꝗ ex, ꝗ er, ꝸ et; letzteres in allerlei Gestaltung, zuletzt ganz unverstanden und deshalb fehlerhaft ꝸ gebildet, kommt noch im XII. häufig vor, auch mitten im Wort, z. B. prꝸer. Im XIII. verschwindet es, und wird als Conjunction durch ꝫ verdrängt.

Schon Unc. in Cic. de Rep. findet sich ꜳ als Ligatur für ae, und etwas
später
ꝗ, ꜫ, ꝗ, ꝺ, ꝺ. Min. ꝗ, ꝺ, Gloss. cod. Fuld. ꝫ; sonst auch manchmal ꝗ, sogar ꝗ u. ā für quae. Ausnahmsweise im cod. Colon. 187 s. XI. häufig ꜫ f. ae. Daneben etwa s. IX–XII. auch ꜳ. Sehr häufig ist schon

früh e statt ae – Bern. Guidonis spricht von einer sehr alten Hs. de antiqua valde littera dyptongata', Not. et Extr. XXVII, 2, 302. Gegen Ende XII. verschwinden ae u. oe völlig, etwas später auch æ, was sich jedoch für deutsche Sprache erhält: e verschwindet ebenfalls, in Italien schon im XII., in Deutschland im XIII., wenn es auch verein- zelt noch später vorkommt. Schon früher verliert sich das Bewusst- sein der Bedeutung, und man findet es gerade da, wo kein Diphthong stehen sollte, z. B. eé für esse. Mit den humanistischen Studien kommt e u. endlich der volle Diphthong wieder zum Vorschein.

F

Herc. F, F, f, f. Cap. F, F, E, oft von E gar nicht zu unterscheiden u. wohl deshalb häufig mit halber Höhe überragend: F 1. Unc. dage- gen sinkt es gewöhnlich mit halber Höhe unter die Zeile: F, F, f, f. F, f. Wachst. F u. F, entsprechend dem || für E. Max. fi fi, K fe. Kais. Rav. fl, fl. Ags. p, F, f. Sonst ist f die Grundform der Nat. verbindet sich aber mit i zu fi, fi, mit a zu fa, mit l zu fl, mit o zu fo u. s. w. Diese Formen gehen, nebst der regelmässigen f, noch in die Karol. Bücherschrift über, aber die Ligaturen verschwinden nach und nach. Bei der Ausbildung der Min. stellt sich f auf die Zeile biegt sich Ende XII. unten nach vorn : f, f, wird mit der ganzen Schrift eckig u. auch oben geschlossen f. In curs. oder flüchtiger Schrift sinkt es wieder unter die Zeile, f, was in Urkundenschrift immer die Regel bleibt.

G

Hier. G, G. Cap. G, G, G, auch G. Unc. G, G, G, G, auch Z. Pomp. Wachst. G, Sieberh. G, Z. Quedl. H. curs. g, g. Victor Cap. g, g. Max. g, wo man deutlich sieht, wie der Buchst. sich in 2 Elemente aufgelöst hat. Anders Kais. L. Hilunc. s. VI. neben G, Z, Z, Z. Ravern. Z, Z, z, immer mit anderen Buchstaben verknüpft, z. B. g. gest: [ZY]t. Schon im VI. kommt auch g vor Ags. Z, Z, Z. Dergleichen Formen sind irrig z gelesen. Sie kommen auch in Karol. Schrift bis ins X. vor. Westg. G und Z. Langob. g, Z, z, g. Merow. g, g, g u. s. u. Halbunc. von Tours g, Karol. min. Z. Min g mit wenig bedeutenden Veranderungen: g, g, g, g. Im cod. Pal. Germ. 342 s. XV : g, g, g, oft ganz wie ez. Cod. lat. monac. 641 g, g, g. Bemerkenswerth ist die Rune ᚷ, ga, im Wessobrunner Gebet.

H.

Schon Herc. selten ganz vollständig, sondern ɰ, ɥ, ʜ. Cap H, aber häufig auch ⱈ, ⱶ, täuschend wie k und oft damit verwechselt. Ter. Vat. Ⱶ, Sall. ⱶ. Schon im Fragm. Livii (Sall.) ed. Pertz ɧ, und diese Form ist Uncr. regelmässig, mehr oder weniger überragend: ɧᴏ, ɧ, ɧ, ɧ. Wachst. ᵗᵉ ᵖRav. ɧ, ɔ, ɧ. Kais. Kanzl. ⱷ, und in Verbindung ⱷⱷ, hoc. In Min. ist es manchmal unten fast oder ganz geschlossen: ƅ, und dann mit b zu verwechseln. Gegen Ende XII. fängt man an, den Seitenstrich zu verlängern: ɧ, später ɧ, endlich ɧ, ɧ, ɧ. — Vom IX. bis XIII. kommt häufig vor ᵗ, ᵗ, d. i. der griech. Spiritus asper, wo ein h ausgelassen war, zuweilen auch über Consonanten: c̈, schon von Isidor Etym. I, 19 erwähnt. Tilgung eines h durch ᵃ ist mir nicht vorgekommen. Ueber Majuskelformen vgl. N.

I.

ist schon Herc. zuweilen höher als die übrigen Buchstaben, ebenso Curs. u. Nat. auch einzeln Min. bis ins XI. z. B. ln. Auch wird es unter die Zeile verlängert, Wachst. ∫, Kais. ∫ neben ∫; in Uncr. besonders nach b: ᵇⱨ, ili,

2) li. In Min. kommt das häufig am Ende der Wörter vor, und bei ii,
vorzüglich wenn es Zahlen sind: ij; vom XIV. an regelmässig: ij, iij. Ferner
hängt es sich in Curs. und den daraus hervorgegangenen Schriften gerne
an andere Buchstaben an, z.B. g ci, ei (merow.), ß fi, gi, ki,
li, ni, ri, ri und ti. Solche in Nat. u. Urk. häufige Formen
erscheinen auch in Min. noch im XI. Im XI. fing man an, mit i und u zu-
sammentreffende i mit Accenten zu versehen, um Verwechselungen vor-
zubeugen: íi, íí, íii, uí. Schon im XII. findet man diesen Strich auch zuweilen über dem einzelnen í; daneben kommen aber noch immer auch i
ohne Bezeichnung häufig vor. Nicht selten sind in älteren Hss. dergleichen Striche später nachgetragen. Punkte über dem i fand ich
zuerst in einer Wiener Urkunde von 1327, und da ganz durchgeführt.
Accente über Doppelbuchstaben kommen auch sonst zuweilen vor, doch
erst später, so ááton u.a. cod. Harl. 3038 von 1176, ëö für eae, und sogar ëë,
cod. Christ. reg. 344 s. XIII, úú Mon. Graph. III, 11 von 1207. In altfranz. Tex-
ten sollen sie schon früher vorkommen, auch sogar über einzelner
Buchstaben, namentlich über e. In einigen Hss. von Ende XV.
ist i am Anfang der Wörter häufig verlängert: jta, judei, job,

auch q, Pal. Germ. 342.

K.

Kommt in den ältesten Hss. selten vor. Wachst. K K. H. Fragm. Vat. K. Gaius K. Halbunc. (517) KaL. Westg. k. Ags. k. Lg. K, k, wofür Abschreiber und Herausgeber lc und hc gelesen haben. Min. k, k, k, K, K, K, R, gewöhnlich überragend, doch auch k. In Innoc. IV. Registro, anno VI, k, wofür be gelesen ist. Im XII. findet sich die obere Rundung auch geschlossen: R, k, was bald zur Regel wird: R, R, k, k, in Urkunden auch k, k, k, k. 1514 fand ich k, u. für ck: ck.

L.

Der Horizontalstrich ist schon Cap. häufig sehr kurz, der senkrechte höher als die übrigen Buchstaben, z. B. L. Unc. L, l, auch L, L, L, L, immer überragend. Wachst. l, l, Kais. L, l. Rav. l. Min. ohne bemerkenswerthe Veränderungen l, L, l, l.

M.

Herc. M, M, M. Cap. M, M, M, M. Herc. Wandschr. u. Wachst. auch m, m, entstanden aus m. Siebenb. m, m, m, m. Kais. M, M. Unc. m, m, m, neben m, m, m. Halbunc. schon 509 m, Gargil. Martialis

(I) und ǀǀǀ. Pand. Flor. m. 12. m, aber Gaius m. Halbunc. neben m und m auch m, m, m, m. Maximin m und so fortan mit geringen Veränderungen, z. B. irisch m, lgb. m. Albunc. von Tours m. Die Uncialform m erscheint, wie andere Uncialformen, in Urkunden häufig, in Buchschrift seltener, in Min. bis ins XII. besonders am Wortschluss. Da auch im Pariser cod. Theodulfi s. X. m, was mir auch sonst vorgekommen ist. Vom XIV. an bedeutet ʒ am Wortschluss häufig m, was wohl nur Missbrauch eines allgemeinen Abkürzungszeichens ist, z. B. aʒ am, cōʒ -cionem, naʒ nam, aber auch namque, wo ʒ das que vertritt, na²ʒ naturam, ɔ̄neʒ communem, q̄ʒ quam.

N.

Herc. N, N, N. Cap. u. Unc. N, N, N, auch die Ligaturen N ns, und N nt. In Pomp. Wachst. kommt N, N für n vor, in Wandschr. dem ǀǀǀ für m entsprechend, auch ǀǀ, ǀǀ, ǀǀǀ. Siebenb. N und auf andere Weise unregelmässig gegen einander gestellte 3 Striche, aber auch N, N, N. Kais. N, N. Max. N und N. Im VI. dringt n in die Bücherschrift doch bedeutend langsamer als m; und N kommt noch immer daneben vor; häufig so: N, N, N (codd. Colon. 91. 118. 210. s. VII–X.). N in der Kalligraph. Halbunc. von Tours, und solche Majuskelformen bleiben noch lange häufig, z. B. (XI) ꟼion, (II) ꟼꟼa. Später bleiben sie vorzüglich am Wortschluss und in Ligaturen: N, ꟁ = ns, und häufiger ꟁ, ꟁ, nt. Im XIII. fängt man an, das n dem u so ähnlich zu machen, dass sie oft gar nicht zu unterscheiden sind, weshalb endlich ü sein Abzeichen erhielt. Die Uncialformen von N und H werden allmählich ganz mit einander vertauscht: Schon in alter Uncialschrift findet sich H, und im XI. z. B. H, Ꟶoꟁꟁ, im XII. Ht, frichil; in Urkunden des XIII. Lꟴotu, Notum. Für H dagegen kommt vor Ꟶ und sogar Ꞥ, für N auch Ꞥ, Ꞥ. Diese Majuskelformen sind überhaupt sehr der Willkür unterworfen und oft schwer oder gar nicht mit Sicherheit zu bestimmen.

O.

Wachst. o, ꝏ. Curs. mit den übrigen Buchstaben verbunden, Kais. zugleich viel kleiner als diese: ꝏ, oc. Später röm. u. merow. op, ꝏꝑ op, ꝏr or, ꝏn on, ꝏ, ꝏ. Rav. ꝏn con, ꝏ ow. Die merow. Formen ꝏ, ꝏ, ꝏ, ꝏ, hielten sich in Urkunden noch lange, in Bücherschrift dagegen kommen sie nur noch ganz einzeln im IX. vor, und ich habe sie nur in Verbindung mit r bemerkt;

2. B. ſͦr͛ ros; der cod. Ademari Cabann. s. XI. im südl. Frankreich geschrieben, hat neben manchen alterthümlichen Formen auch ꝩ für ro. In Deutschland fing man etwa im XI. an, den Diphthong ou in Eigennamen darzustellen durch 𝔒, 𝔒, 𝔒. Das wurde besonders häufig im XII. u. XIII. und hörte dann auf, so dass spätere Abschreiber die Ligatur nicht mehr kannten und sie für δ hielten. Nur daher stammt der nicht seltene, aber immer falsche Name Dedalricus. In deutscher Sprache, wo der Diphthong blieb, hat cod. lat. Monac. 641 s. XV. öͦ, ö für ou, auch ä für au.

P.

Herc. P, Γ, Ͳ. Cap. P. Unc. P, Ͳ, Ͳ, P, P, P, P. Nach v. kommt selten noch ein auf der Zeile stehendes P vor. Pomp. Wandschr. P, Γ, ſ, Ϲ, Ϲ, Wachst. Ͳ, r, Siebenb. 𝔓, ι, ϲ, Γ, Kais. ι, ι, Max. p, p, p. Rav. ꝓ, ꝑ, in Verbindung ⊂ ꝗ ep. Mail. Urk. v. 725 ꝓ ep. Merov. ꝓ, p, ⸓, ep, ꝗ ap. Merkw. westg. q für p und q ohne Unterschied. Zuletzt dringt überall die einfache Form p durch, bis aus ꝓ unser p wird.

Q.

Herc. Q. Cap. Ɋ, Ɋ, ᴄᴢ, Q. Pomp. Wachst: ɑ, Wandschr. ähnlich.

Siebenb. q, ɑ, q, q. Unc. q, q, q. Kais. ꝗ und für qu: ꝗ̃, ꝗ̃.
Rav. ꝗ, ꝗ, ꝗ. Victor Cap. q̄r̄q. quinque. Merow. q, q, q.
ꝗ quam. In Min. macht q nur die allgemeinen Veränderungen im habitus der Schrift mit.

R.

Herc. R, R, und ähnlich auch Cap. nur zuweilen auch ʀ, wie auch
später als Majuskel ʀ vorkommt. Unc. sinkt es häufig halb unter
die Zeile : R, R, ʀ, und in der weniger kalligr. Schrift ꝛ, ꝛ, Gaius
R, ʀ, ꝛ, ꝛ, Pand. n. 12 ꝛ, sonst auch ʀ. Wachst. ꞃ, ꞃ, Kais. ꞃ,
auf Backsteinen ꞃ. Max. ꞃ, cod. Hilarii von 510 ꞃ, ꞃ. Rav.
ꞃ, in Verbindung ꞃ ri, ꞃ arg, ꞃ ero. Ags. ꞃ, ꞃ, ꞃ,
in Verb. ꞃ eri. Aber Halbunc. von 509 u. 517 : ꞃ, ꞃ, ꞃ, und den
entsprechend irisch halbuncial, neben ʀ in derselben Handschrift,
auch ꞃ, am Wortende ꞃ ; daneben kaum zu unterscheiden ꞃ für
a. Würzb. ꞃ, ꞃ, ꞃ, ꞃ. Egb. ꞃ, ꞃ u. ꞃ ri, ꞃ er, ꞃ re, ꞃ ro,
ꞃ ora. Merow. ꞃ, ꞃ, ꞃ rm, ꞃ ro, ꞃ erat, ꞃ ar, ꞃ res,
ꞃ rs. In der beginnenden Min. finden sich noch manche dieser Formen, und mehr noch in Urkunden, besonders ꞃ für ri, und noch häu-

figer ꝛ, ꝛt, ꝛt für rt. Halbunc. von Tours ꝛ, Min. ꝛ. Oft geht es
unter die Zeile, theils in einzeln noch vorkommenden Cursivformen
wie ꝛt re, ꝛeꝛ eret, theils in der ausgebildeten festen Min. als ꝛ, bis
ins XII. Im XII. findet sich auch häufig ꝛ und ꝛ, besonders am Wortende.
Im cod. Run. 84 s. XII. vorherrschend ꝛ, ꝛaꝛo raro. Im XIII. biegt es sich unten
nach vorn ꝛ, später auch ʋ, ʋ, ʋ, leicht mit ʋ zu verwechseln, und
wieder ʋ, ʋ, ꝛ, ganz dem e ähnlich, auch ꝛ, ꝛ. Auch die Uncialform ꝛ kommt immer noch in Min. einzeln vor, besonders am
Wortschluss, und besonders in der Ligatur oꝛ, später auch oꝛ, oꝛ geschrieben. Daraus die Abkürzung der Endung orum: oꝛ, oꝛ, oꝛ.
Dieses ꝛ kann sich auch an andere Buchstaben anlehnen: aꝛ arum,
oꝛ orr, und wird im XIV. zu einem ganz selbständigen Buchstaben
(r rotunda): ꝛ, ꝛ, ꝛ, ꝛ, ꝛ, der nun sehr häufig für r gebraucht
wird.

S.

Die Normalform wird in flüchtiger Schrift gestreckt, Pomp. Wachst ſ, ſ.
Siebenb. ſ, ſ. Fragm. de jud. aus Aegypten ſ, Victor Cap. ſ, ſ, ſ. Pomp. Wandschr. auch ſ, und daran schliesst sich als feste Nebenform, immer neben

S , Gloss. Colon. ſ, ſ, Gaius ſ, ſ, in andern Hss. ſ, ſ, ſ u. ſ im Pentat. Ashb. am Zeilenschluss. Halbunc. ſ, ſ, ſ, ſ. Sixt. s , aber auch ẞ für ss. Als Majuskelform ist vorzüglich in irischen Hss. beliebt Z. ſ ſ ſ Max. ɤ , Rav. ɤ, ɤ; W ɩɩ, ſⱦ ſti, ſⱦ so, ſſ rs. Kais. V, V, ſ. Päbstl. ſ, auch ſ (Urb. II). Mail. Urk. s. VIII. ɤ, ſⱦ sen, ſⱦ se. Ags. ſ u. ſ, ſ. Westg. ſ, ɤ. ſⱦ est; am Ende auch s : ſⱦ tas. Lgb. ſ, ſ, ſⱦ st. Merow. ɤ, ɤ, ſ; ſⱦ, ſⱦ. Karol. ſ, welches oft auch unter die Zeile reicht. In der fest ausgebildeten Min. s. XII. ſ, welches sich später unten krümmt ſ, ſ, auch eckig wird ſ. In der flüchtigen Schrift XIV. XV. reicht es wieder unter die Zeile : ſ, ſ. Die Verbindung mit t blieb immer im Gebrauch : ſⱦ, ſⱦ, ſⱦ, ſⱦ, und ist in Abschriften aus Hss. s. VIII – XI, häufig statt des nicht mehr gekannten ſⱦ gesetzt, z. B. in Eigennamen – hast statt – hart. Schon Cap. hat die Ligaturen ſſ, ſſ, us, ſ ns. Diese bleiben auch in halbunc. ſ u. Min. ſ, ſ, ſ s. IX. für us. Vom X. an findet sich S allein hin und wieder am Wortende, zuerst so : uS, ıS, als deutliche Majuskel, so sehr häufig im Psalt. quadrupl. Paris 2195 von 1105, Pal. Soc. 156; einzeln auch an anderen Stellen, so ſt. Noch XI. und Anfang XII. ist s nicht häufig.

nur 2. B. d̄s̄, deus, auch wo sonst ſ gebraucht wird, öfter übergeschrieben, vorzüglich am Wortende: ꝫ, ꝫ, ſ, ſ, ſ, ſ. Das kommt in einigen Hſſ ſehr viel vor. Vom XII. an wird s immer häufiger, an allen Stellen; es wird mit der übrigen Schrift eckig ꝫ, und verändert seine Gestalt in mannig-facher Weiſe: ſ, ꝫ, ꝫ, ꝫ, ꝫ, ſ, ſ, ſ. In einer ſchleſ. Urk. von 1317 fand ich für s am Anfang und am Ende der Wörter 3 und ꝫ; dane-ben für 2: ꝫ. Bemerkenswerth ist in deutſcher Sprache für ſʒ: ß, ß, ß, daß (1130), Waßer (1387). Davon verſchieden ist die Abkürzung ß, ß, ge-wöhnlich für ſer, doch kommt auch ſ7 für ſecundum vor. Im XV. aber wird auch dieſe Abkürzung in deutſchen Wörtern ſehr häufig für ſʒ ge-ſetzt, z. B. müße, huß, im cod. lat. Monac. 641, wo ganz promiſcue auch ß in derſelben Bedeutung gebraucht wird.

T.

Cap. Kommt es mit ſehr kurzem und halbem Querſtrich vor: T, T. Unc. T, T, T, T, T, T, T, T, T; in Turiner cod. Lach. (Priſci II, 269) T, und dieſe Form taucht ſpäter wieder auf, z. B. im Siegel Otto's IV. Halbunc. T, T, T. Victor. Cap. T, T. Cod. Colon. 165 T, T, T, T. Wachſt. T. Max. ſ, T. Kaiſ. T to, T vor. Rav. T, T tu, T ti, T ati, T tes,

[symbol] atu, [symbol] ati, [symbol] tr, [symbol] orti, [symbol] tate,
[symbol] suprascripto, [symbol] gestis, [symbol] r
est testis. [symbol] etc. Hier zeigen sich schon die Grundzüge
aller Formen der Nationalschriften, und namentlich auch der Uebor-
gang zu der auffallenden Form 2. Westg. [symbol], [symbol], [symbol] to, [symbol] ten,
[symbol] tr, [symbol] te, [symbol] ter. Am Ende [symbol] : [symbol] it, [symbol] at, [symbol] tent.
Lgb. [symbol] , [symbol] (wofür der alte Abschreiber des Chron. Casin. it oder at gesetzt
hat); [symbol], [symbol] ti, [symbol] tu, am Ende [symbol], [symbol] nt. Päbstl. [symbol], [symbol], [symbol], [symbol],
[symbol], [symbol] te, [symbol] et, [symbol] ti. Nach C. Paoli im Arch. stor. Ital. 1885 (Misc. XI)
wird in ital. Cursive vom X. an [symbol] u. ähnl. für ti vorzugsweise dann gesetzt,
wenn es zi zu sprechen ist, später auch für z allein, worauf dann noch
ein i folgen kann. Merow. [symbol], [symbol] ti, [symbol] cti; [symbol] tet, ns nt. Cod. Colon.
76 s. VIII. [symbol], cc, [symbol], [symbol], [symbol]. Die Form [symbol] findet sich auch in den Mail. Urkunden s. VIII. IX. bei Sickel, auch (846) [symbol]. Ags. [symbol], [symbol], und ähnlich in
Min. [symbol], wo es nach und nach geradliniger wird : t, nicht selten
[symbol] geschrieben und dann mit r zu verwechseln. So bei Arndt t. 53.
a. 1240 [symbol] neben [symbol] für r. H. t. 51 a. 1163 [symbol], charakteristisch für den Uebor-
gang zu Formen, wo c und t gar nicht mehr zu unterscheiden sind.

Ueber ct, rt, st s. bei C R S. Das nꝛ (nt) am Wortende kommt im
IX. noch oft vor, verliert sich später. Es erhält sich aber diese Form des
t in et, et, et, et, im XII. XIII. häufig et, wo man sieht dass die Herkunft
nicht mehr verstanden wurde. Die Uncialformen ꝼ und ꝼ, ꝼ, auch
ꝼ, sind bis ins X. nicht selten, noch 1106 fand ich ꝼ am Wortschluss.
Bemerkenswerth ist im Ags. der Gebrauch der Rune þorn für th: þ ,
þ, später in p, y, y übergehend und nicht mehr von y unterschieden;
am längsten hielt sich yᵉ für the.

V.

Herr. V, V, U, U. Cap. V, U, U, U. Unc. U, U, U. Pomp. Wachst. u, u.
Siebenb. v, u, u, u. Quedl. Itala curs. u, röm num. Kais. ˜ . Max. u, u. Halbunc.
u, u, u, u. Steph. V. a. 891 mehrmals ꝟ. In Urkunden s. VI. Kommt auch
v vor. Mail. Urk. a. 846 eꝰ eius. Reginbertus Aug. um 821 aꝰ aui. Lgb
s. X. qᵒᵒ quam, und auch sonst v neben u. Westg. q̃o quo, q̃e que,
t̃ꝛ tur. Auch Ags. kommt t̃ꝛ tur vor. Eine andere Form des übergeschriebenen u ist in einer Mail. Urk. von 725 ꝗ atus, auch ꝗ.
Ebenso Merow. eꝰ tus, � rum, etur, m̃ mus, bꝰ bus, auch q̃i qui.
Auch auf der Zeile erscheint ꞇ, ꞅ, neben u, u, u, u. In dem ms. d'Épi-

nal häufig ƿ, ƿ für ru. In Min. u; sehr ungewöhnlich ist bei Arndt
t. 52 a. 1288 am Wortende regelmäßig y. V wird nur als Majuskel und als
Zahl gebraucht. Im X. erscheint es auch sonst, doch meistens am Anfang von
Wörtern, später aber ganz ohne Unterschied an allen Stellen, z. B. (1103)
Ruzza Runa. Später wird es in der Mitte der Wörter wieder seltener. Im
XIV. XV. v, v, v, v, auch ß, von ß oft kaum oder gar nicht zu unterscheiden.
Für den Diphthong in deutschen Eigennamen kommt uu vor, später uo
und ou. Im cod. Colon. 137 s. IX. uo und uu (als Diphthong, nicht = w). Im XI.
wird ü und ß, ß, ß gebräuchlich, im XIV. auch ü, ü, sehr häufig in deutscher
Sprache, nebst anderen Diphthongen. Da u und n zu ähnlich werden, setzt
man ü für u, auch wo es nicht diphthongisch ist, und im XV. häufig
ü, ü, z. B. inuenire invenire, diuisione divisione. Aber consequent durchgeführt wird diese Bezeichnung nicht.

W.

wird erst durch den deutschen Laut nöthig, welchen man anfangs
durch uu darstellt. Die Angelsachsen brauchten von VIII. an die Rune
wen: ƿ, dem p sehr ähnlich, wie es denn auch auf den Münzen Wilhelms
I. u. II. (Archaeologia XXVI, pl. 1) ganz die Gestalt des P hat. Daraus erklären

sich Fehler der Abschreiber bei Eigennamen, wie Dogpuleum st. Dogwulfum

(Jaffé Bibl. VI, 871), Ceadpalla st. Ceadwalla (Scr. Rer. Langob. ed. Waitz p. 33 n 5).

Im Psalt. Paris. 8824 s. XI. pulf pinus. Auch in Deutschland findet sich die Rune,

im Hildebrandslied parne, in der altfränk. Uebersetzung der Lex Salica:

Y, y, ᚹ, in Glossen bei Arndt t. 41, s. IX. ▽, und p s. Zeitschr. f. deutsch.

Alt. XXIII, 95. Schon Heinr. von Huntingdon s. XII. kannte die Rune nicht

mehr und schrieb p, s. Forschungen z. deutschen Gesch. XVIII, 280.

Als Majuskel findet sich Vu, VV, lgb. ᚹ. W schon s. VI. in Inschriften,

s. Olenschlager, Sitz.-Ber. d. Münch. Akad. 1884, S. 77. So auch in Cap. im

Berl. cod. th. lat. f. 58 s. IX. Im XI. Kommt w auf, doch bleibt daneben uu noch

lange im Gebrauch. Verschiedene Formen sind w, ∞, w, ω, &, W, ᛟ, &.

Solche Formen werden oft irrig für lb gehalten. w vertritt auch uv

und vu, wird auch wie u bezeichnet: Suevus, Suevus, 1207, Mon. Graph. III, 11;

s. XV. w für uv. Sehr häufig steht w für einfaches u. In deutscher Sprache witt-

wde, Mon. Graph. IV, 15. In den Stettiner Verhörsprotocollen der Waldenser

von 1393 steht für das stumme w am Ende von Ortsnamen ℔.

X.

Herc. X, Cap. X, X, X, X. Unc. auch schon häufig X. Wachst. X.

Kais. ✝, ✗. Rav. ✗. Ags. ✗, ⱭⱵi axi, &c ex. Westg. ⱷ, ⱬ, auch Ψ,
Ψ; Ꝋf, Ꝋf ex. Lgb. x, ✗. Merow. u. Min. x, ✗, ✗ ohne Unterschied neben
einander. In einer Bamb. Hs. (letztes Blatt von Cassiod. Instit. div.) etwa s. XI.
häufig wiederholt Ꝗ. Für ex kommt &f, &p. of bis ins X. vor. Aus ✗
wird im XIII. ✗, und daraus ꝑ, ꝑ, daneben aber auch ✗, ✗, ✗.

Y.

Cap. u. Unc. Υ, Υ, Υ, Υ, Υ, auch überragend ⱤⱵⱺ ryg (cod. Juven. Ex. t. 5)
Rav. a. 564 Υ ebenfalls überragend. Westg. Ρ, Ɑf tyr, ebenfalls überragend. Sonst gehört es immer zu den niedrigen Buchstaben, ⅌ s. VII. bei Arndt
t. 5. Ms. d'Épinal ⱱ, sonst ⱱ, ⱱ, ⱱ, ⱱ̇, ⱱ̃; häufiger reicht es unter die Zeile: ꝯ,
ꝭ, ʏ, ẏ, ɣ, ɣ̃. Mit einem Punct ist es ohne Regel bald versehen und bald
nicht. Nach X. wird es kaum mehr auf der Zeile stehend vorkommen.
Aus ʏ̇ wird nach dem XII. ꝓ, ꝑ̇, ꝑ, ɣ, ɣ, doch bleibt auch im XV. daneben ẏ.

Z.

Schon im cod. Front. ꝗ, u. tir. Ꝗ. Sonst sind alte Beispiele selten zu
finden. Westg. ꝝ, ꝝ, ꝝ. Min. z, Z, Ị, Z; daneben erscheinen schon
im X: ꝗ, ꝗ, ꝗ, im XII. häufig ɦ, ɦ, ɦ, ɦ, auch ɦ. Spätere Abschreiber
verstanden das nicht mehr und hielten es für h, was immer beweist, dass sie

sie eine Vorlage aus dem XI. – XIII. hatten; s. Vita Gebeh. Const. Mon. Germ. SS. X, 582 u. Tab. II; Jaffé Bibl. V, 480 Venh. statt Venz. Die Form z, z, z, z wird später die gewöhnliche, weil die auch noch vorkommende z zu leicht mit z = r verwechselt werden konnte. Im cod. Pal. Germ. 342 s. XV. immer z, u. ganz ebenso wird in derselben Hs. die Ziffer 3 geschrieben. Bei Merino Lám. XI, 3 finde ich schon a. 1011 q, eine Form die vorzüglich in Frankreich und Italien häufig ist: q, z, z, z; in einer schles. Urk. von 1292 fand ich c, c. Daraus ist das franz. ç entstanden, welches sich vom z abgezweigt hat: cédille ist Diminutiv von zeta.

Abkürzungen.

In den meisten Majuskelhandschriften kommen sehr wenige Abkürzungen vor: Q. und q̃. für que und qui, B. für bus, Ē est, q̄ꝏ u. q̄Nꝏ quoniam. Ferner am Ende der Zeilen, wo der Raum nicht ausreichte, Ligaturen für m und n: ũ um, ũ (Pand. Flor.), ENĨ enim, Nõ im Cod. von Sarezzano, doch wird nur selten dieser Unterschied beachtet. Im Oribas. Bern. auteᶻ u. s. f. für m und n am Zeilenschluss. Im Eug. nach Delisle's Notice pl. 1. auch im Wort ðaNa, damna. Ein altes Zeichen für Verdoppelung ist das Sicilicum, z. B. L̈, nachgewiesen in Inschriften, aber nicht in Handschriften, s. E. Hübner im Hermes IV, 413; dazu V, 158 die richtige Bemerkung, daß der Abkürzungsstrich m und n bedeutet, aber nie verdoppelt. Ueber eine absurde Behauptung, daß grösser geschriebene Buchstaben doppelt zu lesen seien, s. M. Haupt im Hermes V, 159: Eine palaeographische Fabel. In Hss. kirchl. Inhalts kommt eine kleine Zahl bestimmter Abkürzungen regelmässig vor: D̄S deus, D̄I dei u.s.w. Es findet sich aber auch D̄EI ohne daß etwas abgekürzt ist. D̄N̄S dominus. S̄C̄S sanctus. S̄P̄S spiritus. Ē̄P̄S episcopus. P̄R̄B presbyter; auch wohl N̄ noster, F̄F̄ fratres. In IHC X̄P̄C Jesus Christus, wurden die griechischen Buchstaben beibehalten, man schrieb auch in Min. ihs oder ihc x̄p̄c, und hielt, da man die griechischen Buchstaben nicht mehr kannte, ih für die richtige Schreibart, welche man auch in anderen ähnlichen Fällen anwandte, so Jherusalem, Jheronimus. Andererseits drang auch das c für's tiefer ein; man schrieb nicht nur ēp̄c für episcopus, sondern auch s̄p̄c spiritus, t̄p̄c tempus, ōm̄p̄c omnipotens (cod. Gl. 139 s.XII.) Alle jene Maj. Abkürzungen, in welchen der Endbuchstabe mit der Flexion sich ändert, sind ohne alle Schwierigkeit zu erkennen und aufzulösen.

Voll von Abkürzungen sind juristische Hss. darüber s. Th. Mommsen's Ausgabe der Fragmenta Vaticana, Abh. d. Berl. Akad. 1859, und Notarum laterculi ed. Mommsen

im 4. Bande des Corpus Grammaticorum Latinorum. Das ältere System war, den
Anfangsbuchstaben allein oder die ersten 2, 3 Buchstaben zu setzen, zuweilen mit
Auslassung eines Vocals. das jüngere, die Flexion zu bezeichnen, z. B. BR bonorum,
und die Anfangsbuchstaben der Silben zu setzen, z. B. hr heres, AT autem, EG ergo,
lc licet, tm tamen. Von diesen Abkürzungen erhielten sich einige in der späteren
Zeit, so ist rr, rerum, häufig im cod. Salem. IX, 15 s. XII. inc. in Heidelberg, die Mehr-
zahl aber nicht. Sie sind viel willkürlicher als die späteren, und so bedeuten auch
in nicht juristischen tss. bis ins IX. Querstriche oben oder ein Punct am Ende ganz
allgemein irgend eine Abkürzung, welche man aus dem Zusammenhang errathen
muss, unterstützt durch die Beobachtung der Eigenthümlichkeit jeder einzelnen Handschrift. Ueber die Abkürzungen in der Uebergangszeit der Karol.
Diplome s. Th. Sickel, Die Urkunden der Karolinger I, 305–312. Die sehr abweichend
gebildeten westgoth. Abkürzungen bei Merino, Escuela pal. lám. XII XV.   In 9. Jahrh. bildete
sich ein neues festes System aus, welches nur selten zwischen mehreren Möglichkeiten
die Wahl lässt. Die einfachen, regelmäßigen und wenig zahlreichen Abkürzungen auf
dem cod. Cic. Corb. in Berlin giebt Freund in der Ausgabe des Cic. pro Milone, Ratisbonae
1838, 4. Aber andere tss. namentlich grammatische Commentare, sind überfüllt von Abkürzungen. Nach dem XIII. werden die Abkürzungen immer zahlreicher und auch ge-

waltsamer, weniger jedoch in Abschriften alter Autoren, als in technischen Schriften von philos. theol. jurist. medic. Inhalt, am wenigsten in modernen Sprachen. Eine merkwürdige Anweisung für richtige Abkürzung geben die Regule de modo titulandi, Facs. Augg. von John Spencer Smith, Cadomi 1840, e cod. s XV. Das beste Hülfsmittel ist Walther's Lexicon diplomaticum, 1751 f., am handlichsten das sehr verbreitete und mehrmals aufgelegte Dictionnaire des Abréviations von L. Alph. Chassant. Gerühmt wird Duffus Hardy, zum Registrum palatinum Dunelmense, IV, p. CXXX – CCLX (1878). Auch slavische Abkürzungen enthalten die Abbreviaturae vocabulorum von Hulákovský, Pragae 1852. Dringend zu warnen ist vor den willkürlichen Rathen, welches so häufig in die unglaublichsten Fehler stürzt; dagegen kann man sich mit einigem Nachdenken, Beachtung des Sprachgebrauchs und Kenntniß der Hauptregeln in den meisten Fällen selbst helfen. Dazu sollen die folgenden Bemerkungen einige Anleitung geben.

1. Allgemeine Abkürzungszeichen.

ist das allgemeinste Zeichen, bezeichnet jedoch am häufigsten, daß ein m oder n zu ergänzen ist. In Urkunden hat es sehr oft die Form ⁸ oder ist sonst auf verschiedene Weise verschnörkelt. Auch das ⁸ in Reg. Karoli 8 Sickel, z. B. ꝓ̅ f. ꝓse, ist nur eine andere Variation des allgemeinen Zeichens, welche schon früh verkannt u.

misverstanden wurde, weil es nicht mehr üblich war ein e am Schlusse abzukürzen,
vgl. Sickel I, 130, Anm. 6. Das langob. ꝫ, fō rem, ꝯ lim ẓ am, ist wohl nur
ein verstümmeltes m.

l am Ende vertritt anfangs jede weggefallene Endung, z.B. ꝰꝰꝰ unus, ꝶ tur,
bleibt aber nur für die Endung um in ꝵ, am häufigsten ꝯ orum. Auch mꝵ
für mus hat wohl denselben Ursprung. Nicht gerade hieraus entstanden, aber
analog ist die im XV. sehr häufige Abkürzung ꝇ am Wortende für is, z.B. Hoil
hominis, opꝑ operis, -oꝯ onis.

ꝰ ist ebenfalls in ältester Zeit ein allgemeines Zeichen; im Gaius steht es für ur,
os, us, noch s. XII. q꞉ que, manꝰ manet, Sꝰ Set (Arndt t. 22). Bei Schum t. 2 s. IX steht ꝰ für
ur, und ebenso s. X. bei Arndt t. 45. Im cod. Colon. 200 s. X. steht sogar durchgängig ꞇ für
tur, dagegen f. 113 ꞇ f tus; gewöhnlich ist in dieser Hs. us ausgeschrieben, es kommt
aber vor b: bꝰ, mꝵ mus. Aber tironisch ist ꝰ us, und das ist in der Regel die Bedeutung des Zeichens in Minuskel. Seine Form ꝰ erinnert an die Ligatur ꝩ (Victor
Cap.). Es steht sowohl auf als über der Zeile, z.B. iꝰtꝰ iustus, weit häufiger jedoch
nur am Wortende. In einer Hs. s. XIII. fand ich ꝰ und ꝰ, fast ganz wie a gestaltet.
ꝑ steht auch für pos und post, für letzteres s. XV. auch **ptg**. Bis etwa XII. kommt
auch zuweilen vor ꞇ tus, und ꝰ us. In einer Hs. s. XI. steht ꝰ häufig für us, aber auch

für s : anno̅ annos, daneben ist häufig auch das übergeschriebene s. Westg. findet

sich mᵘˢ mus, ɮ bus, aber auch ꝗ que.

us wird auch durch 1 oder 2 Puncte bezeichnet : B. b: , sehr häufig auch durch

ꝫ , ein Zeichen welches mit verschiedener Bedeutung zu allen Zeiten vorkommt;

vom XI. aber auch ȝ ,ʒ ,ʒ̄ geschrieben wird , z. B. conſtãȝ Constantinus. In dieser

Form vertritt es auch m, s. oben unter M. Häufig bedeutet das Zeichen et , z. B.

b̓ꝫ bet, und mit stärkerer Abkürzung dꝫ debet. Sehr oft ſ; set (sed). Häufig

steht es aber auch nach q für ue : q; que, q̓; quoque, später auch quꝫ, atꝫ atque;

angels. s. IX. q̓ı . Es ist wohl auch dieses Zeichen, womit so häufig der deutsche

Artikel das abgekürzt wird; im cod. Pal. germ. 89 erscheint überall dꝫ neben und

gleichbedeutend mit das.

Einige Zeichen haben beschränktere Bedeutung, so, am Anfang u. in der Mitte,

ꝯ con, tironisch, auch im Gaius, im Gloss. Col. ꝛ ; es wird vorzüglich häufig im

XIII. in der Form 9, welche das ꝯ verdrängt. In Italien ist schon früh üblich

ꝗd̄ condam (quondam), häufig auch nur q̄.

In der Mitte und am Ende stehen

⁓ ur, tironisch er, in verschiedener Gestalt : ꝛ (diese auch im Ham. Purpur.

Evang. und im Utr. Psalter), ꝛ̄, ꝛ̃, ꝛ̃, ꝛ̄, später ꝗꝛ, tꝛ , tꝛ . Oft fällt ein t davor aus: Ɔ̃ atur. Im cod. Col. 118 s. X. ꝯ̃. Eigenthümlich wird in einem

cod. s. XII (Arndt t. 19) dasselbe Zeichen in derselben Form auch für r gebraucht:

Mꝰꝛ̃e Marre, c̃ãnãlẽ carnales, p̃ocõ porcos; in anderen Theilen

derselben Hs. ꝯ̃ tur, ã ar. Vgl. Schum t. g. 10.

ꝭ ist ein allgemeines Zeichen, z. B. blis-bilis, x̃ decem; im lgb. geschriebenen

Vergil s. X. in Wien häufig ꝭ für m. Speciell aber bedeutet es seit dem XI. (ich

weiss nicht, ob früher) er, seltener re, wie in b̃ur breuiter.

ˀ ri, ist wohl aus dem übergeschriebenen i (s. unten) entstanden. Im XV. ver-

wechselt man diese Zeichen, und jede Art von Haken steht nun für er, ir,

re, ri, auch für r, und für e nach r, z. B. iꝛ̃ ire, ã ar, ꝛ̃ re, ꝛ̃ er, ꝯ̃ge virge,

maꝛ̃us maritus, fꝛ̃tus futuris.

2. Conventionelle Zeichen für einzelne Wörter.

Einige wenige, welche vorzüglich aus tiron. Noten stammen, vgl. Kopp. Tachygr. I, 117.

ꝺ, ꝶ autem (Notae Over. h̃c) erhielt sich besonders bei den Iren und Angelsachs.

Ɔ eius (tir. Ɔ und Ȝ) selten, in sehr alten Hs. und irisch.

= esse (tir. =); gewöhnlicher ist ᷓᷓ und ẽẽ. Im XV. ist mir ꝺ und ꝗ̃ für esse

vorgekommen, für essent ꝗ̃nt, in essentia ꝗ̃a.

× und ÷, ⁒ (tir. —·) est, scot. ꝗ̃, ags. ∵, im XV. Ꝫ, ꝥ, ꝉ, Ȝ, Ȝ.

⁊ et (tir. ebenso), auch 7, ⁊, Z, Ƶ, 7, ꝫ, ⁊, auch am Anfang und in der Mitte der Wörter, besonders in älteren Handschriften: b⁊ bet, ⁊n etenim, ⁊ñ, ⁊̄, &̄ etiam.
ħ hoc, oft misbräuchlich ħ geschrieben, was haec bedeutet. Im cod. lat. Mon. 19488 s. XII. steht wiederholt ħ für hic, aus Versehen, da es sonst richtig ħ geschrieben ist.

ꝰ und ꝰ ut (tir. V). Auch ſiꝰ für sine kommt vor.

ꝥ enim, ist nur ein durchstrichenes N, später ꝥ, ꝥ, ꝥ. mit etwas entstellter Form, und deshalb oft verkannt. Im XV. n̄, n̄. Im cod. Brun. de bello Sax. c. 65 hat der Abschreiber a. 1500 anstatt des einen Eigennamen vertretenden N (nomen) enim gelesen.

3. Bemerkungen, welche sich an einzelne Buchstaben anknüpfen lassen.

ā ist am oder an, alleinstehend aut (auch ā) oder annus; ā. m̄. d̄. ann. mens. dies oder diebus. Man findet dafür auch a. und ƌ.

ƀ ist in der Regel ber, am Ende aber bis: urƀ, noƀ.

c̄ ist con, steht aber auch für cen und cer. In Necrologien bedeutet c. oder c̄ conversus, in Calendarien confessor.

ƌ kann für de stehen, wofür im XV. ꝺ aufkommt. Am Ende vertritt ƌ

die Endungen dit und ud, z. B. ſñd respondit (ſeltener – deſ); ꝟ illud,
apᵈ apud, uelᵗ uelud (uelut). đ. oder ⅁ allein ſtehend iſt dixit, nach Um-
ſtänden auch dies oder diaconus.

ē̄ iſt eſt; in der Mitte eines Wortes em oder en.

ﬀ ſigeſt. nach Savigny aus einem durchſtrichenen D entſtanden.

ħ, ħ, fehlerhaft auch ħ, iſt hoc; ħ haec. Im Wort ſteht ħ vorzüglich für her,
z. B. ħmañⁱ Hermannus.

ī iſt im, in. Häufig iſt ꝛ für id eſt; z. B. bei Herrad von Landsberg ed. Engelhardt
t. ₀: poetriä ꝛ fabuloſa cōmenta. Hier iſt im Text S. 32, u. wieder S. 199, fehlerhaft
geleſen licet. Noch gefährlicher iſt die nicht weniger häufige Abkürzung
ꝛte ſ. id eſt, auch ⁊t geſchrieben. Beides kann natürlich auch idem bedeuten
und wird oft ſo geleſen, auch wo der Sinn es verbietet. Dieſen Fehler haben
ſchon alte Abſchreiber gemacht, Mon. Germ. Leg. III p. 430, Anm. a und c. Umgekehrt
iſt Mon. Germ. Dt. X p. 12 l. 16 id eſt ſtatt idem geleſen. — Im cod. Brun. de bello lic.
von 1500 ſteht ī̄ für ibi.

Ꝃ kalend. und Kaput (Capitel).

ℓ, ℓ (auch tironiſch) iſt uel, aber häufig fehlerhaft et geleſen. In Necrologien
   bedeutet es laicus u. laica; am Wortende die Endung lis.

m̄ men, wird auch gesetzt, wo mem stehen sollte, wie in m̄bra, und dann auch ausgeschrieben menbra. Auch m̄d⁹ f. mundus kommt vor.

N. Non., auch nomen u. nomine. n̄ non. Vgl. S. 73 über enim.

ϴ, theta, bezeichnet nach Isid. Orig. 5,3 den Tod. Doch löst man o. und ϴ (wenn auch dieses daher stammen mag) richtiger mit obiit auf weil regelmässig der Name im Nominativ steht. — Bei Deusdedit steht ϴ in den Auszügen aus den thomis Lat. bibliothecae, wo Namen ganz oder theilweise unleserlich waren, Stevenson in Archivio della Società Rom. VIII, 384.

p̄ am Wortende bezeichnet eine leicht zu ergänzende Endung, wie ap̄ apud, recap̄ recepit. Abgesehen davon schliesst sich an p ein System sorgfältig zu unterscheidender Abkürzungen in Minuskel. Denn früher ist das System nicht ausgebildet. Wertg. steht ꝑ für pes, und zuweilen für pro, welches aber meistens ausgeschrieben wird. Merow. kommt vielleicht nur ꝑ für per vor, dasselbe für pre und per in den Randnoten s. VIII. zum Psalt. Lugd. Delisle, Mél. pal. p. 35. In der Subscriptio des cod. Luxov. von 669 P̄ für per. — In Min. bedeuten:

p̄, in älterer Zeit auch p̓, prae. Bei Arnd t. 18 p̓, im cod. Vitae Caes. IV. p̄͞, aber auch p̈, was sonst pra bedeutet.

p̃ und ꝓ pra, doch ist ꝓ (auch p̃) als Wort für sich persona.

ꝑ per, kann auch für par und por stehen.

ꝓ pri, angels. s. IX. auch ꝑ.

ꝓ ,ꝓ ,ꝓ pro. ꝓ proprio.

p⁹ pus, seltener pos und post; für dieses auch pꞇ⁹.

p̄ pur nach allgemeiner Regel.

p̄p und ꝓ propter. p̄p ist regelmässige Abkürzung für papa durch alle Casus, welche nicht bezeichnet werden.

q ist ebenfalls ein Buchstabe, an welchen sich eine Gruppe wichtigster Abkürzungen knüpft, die nur zu häufig falsch aufgelöst worden.

q̄ und q stehen in sehr alten Handschriften ohne festbestimmte Bedeutung, namentlich noch in den Hss. der Volksrechte für quis, und noch s. XII. im Brüsseler cod. Benonis q für quae, in der Transl. S. Dionysii q für quam.

· Aber nach Ausbildung des festen Systems im IX. ist regelmässig q̄ nur quae. Daneben findet sich q̊ , q̣ , q̊ , q̣ , und nachdem man allgemein nur nach que schrieb, brauchte man diese Abkürzung auch z. B. in neq̄o nequeo.

Dagegen wird die Conjunction unterschieden als q· , q⁏ , q⁏ , qᵛ , qᵛ , ꝗ.

ı̈; ist itaque.

q̃ , q̊ , ist qua ; q̃ , q̄m , q̃p quam.

q und ꝗ ist qui, auch ꝗ, häufig im cod. Ans. peripatetici.

ꝗ, ꝗ, Q᷎, ꝗ quid, bei Arndt t. 79 s. XI. qıd.

ꝗ quidem, im cod. Brun. ꝗ.

qᷓ quia, schon im Gaius Qᷓ, Fragm. Vat. qᷓ, Leg. Bav. c. s. IX. ꝗꝫ.

q̄m quoniam, wird von modernen Herausgebern sehr häufig quum gelesen, was es niemals heissen kann, ohne Beachtung der Gewohnheit des Schreibers, des widerstrebenden Verbalmodus, ja selbst des Metrums. Die Formen quum und quur kommen allerdings in sehr alten Has. u. einzeln bis ins X. häufig vor (im cod. Colon. 75 verbessert der tiron. Corrector Cum statt Quum, Neues Arch. XI, 115), und im Westgoth. regelmässig, dann aber verschwinden sie und werden erst von den Humanisten wieder eingeführt. Die Abkürzung dafür ist q̊u̇, quu.

q̄n, auch qᵈo, ist quando. Auch dafür ist häufig quum gelesen.

qᷤ quatenus (1440).

q̊ quo, q̊q̊i, q̊ꝫ quoque.

qᷤu̇, q̄ūo quoniam, z. B. bei Arndt t. 11.35 u. sonst. Im XV. steht quo auch für quoniam.

ᷓ steht am Wortende für -rum. Im cod. Salem. 9,15 ᷓu u. ꝛ̄ꝛ̄ für rerum.

s̄, ſ̄, s., ſ. samt. und sive. ſ und s̄ stehen auch häufig für sunt. ſ. und auch

wohl ſ. scilicet. ſ ist gewöhnlich ser, doch ist es eine allgemeine Abkürzung

und vertritt auch die Endung sis; besonders häufig im XV. ſ ; in niederdeut-

schen Urkunden vach vorscreven. ſſ suprascript. ſſᵒⁱⁱ suprascripta in

Mail. Urk. v. 846. In Transf. S. Dionysii s. XII. regelmäßig ſ, S für set (sed).

t̄ ten, tem, ter.

ū um, un, ven, ver, am Wortende vit. ſū̄ sive. Zuweilen steht ū für

vel oder (statt ü) für ut.

4. <u>Abkürzung durch Anfangsbuchstaben.</u>

Sehr häufig setzte man statt der Eigennamen nur den Anfangsbuchsta-

ben, und das forderte im XIII. von Ausstellern von Briefen und Urkunden

die Höflichkeit, s. M. Ludolfi Summa dictaminum ed. Rockinger, Quellen

zur Bayer. Gesch. IX, 363, vgl. S. 463. War ein Schreiben nicht an die Person, sondern

an das Amt gerichtet, so wurde es nach dem XII. üblich, anstatt des Namens zwei

Puncte zu setzen, was auch sonst allgemein gebräuchlich wurde; man schrieb

z. B. .. cives talis oppidi. Vgl. darüber die Summa Guidonis Fabae a. a. O.

S. 198 Anm. 2, u. Conr. de Mure S. 463. Es ist ein grober Fehler, mehr Puncte zu

setzen, was die Vermuthung einer Lücke oder unlesbaren Stelle erregt. Im

XIV. findet sich w (aus .. entstanden) auch vor dem ausgeschriebenen Naraen. In Formeln und sonst zuweilen findet sich in älterer Zeit statt des Namens ill. oder ttt.

Einzelne Buchstaben für kleine oder leicht zu findende Wörter sind oben 13 angeführt; verschieden davon ist die Ersetzung bekannter Formeln durch die Anfangsbuchstaben, häufig bei den alten Juristen, in den päbstlichen Regesten und anderen Urkundenformeln und Abschriften, auch bei Schriftstellern für bekannte Bibelsprüche, bei den Commentatoren für die Lemmata und bekannte Verse.

In den Messbüchern steht regelmässig ⊔D gross und schön verziert, für Vere dignum.

5. Uebergeschriebene Buchstaben.

Steht ein Buchstab über dem andern, so ist gewöhnlich zwischen beiden etwas zu ergänzen, doch nicht immer, $s.\overset{t}{}$ für ta u.a.m. bei Arndt t. 22 s. XII. a hat in diesem Falle häufig die Karol. Form u, übergehend in ꝏ, ᷃, doch auch a, z. B. $\overset{a}{g}$ und $\overset{a}{g}$ gra, $\overset{a}{o}$ u. $\overset{a}{g}$ contra, $\overset{a}{q}$ qua, $\overset{a}{t}$ tra; aber im cod. Salem. 9, 15 steht häufig $\overset{a}{t}$ für tua. Später werden die Verkürzungen stärker, so $\overset{a}{oi}$ omnia, $\overset{a}{ra}$ regula (wo das ᷃ nicht mehr als ursprünglich a verstanden ist), lūz lunam, bō̃ bona, fōr forma, p̄ͦ personaliter, m̄dā mundana, dp̄ucoꝝ deputatorum. Weil am häufigsten r zu ergänzen ist, dient das aus a entstandene Zeichen auch für r, besonders nach a.

e verhält sich ähnlich wie a, z. B. tͤ tre; nͤ s. unten.

i steht übergeschrieben häufig für ri, aber aͥ, ∂, ist ali, aͥqb9 aliquibus, jedoch steht auch â für aut. iͥ ibi, mͥ michi, nͥ nisi, qͥ qui, sͥ sibi, tͥ tibi, uͥ ubi, xͥ Christi. Man findet aber auch vͥ u. uͥ f. vir, vͥtute. hͥ ist hic.

o für ro z. B. in cͦ, aber mͦ ist modo und monachus. uͦ und qͦ vero und quinto, aber uͦ kann auch secundo bedeuten. aͦd aliquod. hͦ hoc. In dem stark abkürzenden cod. Run. 84 s. XII. wo durch das Metrum die richtige Ergänzung erleichtert ist, bedeutet hͦ auch homo, mͦ modum, tͦ totum.

u kommt seltener so vor, doch findet sich gͧ, ğ f. gru u. s. w.

Auch Consonanten werden übergeschrieben, wo vor ihnen ein Vocal zu ergänzen ist, z. B. nͨ nec, aber im cod. lat. Mon. 19488 s. XII. bedeutet es nunc (sonst n̄c), weshalb für nec nͤ steht; pͨ pec, hͨ hic. t vertritt häufig die Endung it, z. B. uͭ -uit, nͭ nit; pͭ potest. Etwas anderer Art sind gͥ igitur und gͦ ergo (später auch go), schon von alten Schreibern oft verwechselt, u. gͣ erga.

6. Auslassungen in der Mitte.

a) Ein einzelner Vocal bleibt weg.

a nur selten : tli tali ; spät : fct facit, ptt patet.

e häufig, z. B. tn ben, auch bene, angli angeli, tn ten, alleinstehend aber
tamen ; ut vel, wofür sehr oft irrig ut gelesen wird.

i z. B. in der Endung bilis : blis ; sehr häufig in der Endung tio : to, auch mit
stärkerer Verkürzung, besonders in späterer Zeit : toi cioni.

u in mltì multi, apd apud, simt simul, et cul in der Endung culum, oft von
Herausgebern übersehen.

b) Ein Consonant wird ausgelassen.

Gewöhnlich m oder n : ann annus, tpe tempore, oder beide : ois omnis. Nicht
oft wird ein m oder n zwischen zwei Vocalen so bezeichnet (mau fand ich
für manu), wohl aber, doch kaum in alter Zeit ; s : poico posicio, cau casu.
Häufig ist schon früh ipe ipse. Spät auch mos, modis u. a. m.

c) Nur der erste und der letzte Buchstab werden gesetzt,
allein oder mit einem oder mehreren aus der Mitte, z. B. ca, ca, wofür schon
alte Abschreiber tam gesetzt haben (cã causam), ro ratio, qo quaestio,
ds deus, oft verwechselt mit dns dominus, wovon wieder sorgfältige Ab-

schreiber im früheren Mittelalter dñs donnus als Titel unterscheiden.
ēē u. ēēē esse, p̄r pater, m̄r mater und martyr, f̄r frater, n̄r noster,
ūr vester; diese sind oft verwechselt und vom XIV. an oft nicht zu unterscheiden. īō ideo, ūō vero, h̄o homo, n̄c nunc, t̄c tunc, ōē omne, s̄r
super, s̄t sunt. Nur in sehr alten Hss. n̄a nostra, n̄o numero.
t̄n tamen, t̄m tantum, allein nach dem älteren System ist t̄m tamen, u. das kommt zuweilen noch in jüngerer Hs. vor, häufig im Brüss.
cod. Benonij. Wo n und u zu ähnlich geworden sind, ist oft statt tamen
tum gelesen. t̄r ist die Endung titer. Statt des letzten Buchstaben kann auch eine Abkürzung stehen: e̊ eius, c̊ cuius, h̊
huius, aber hị, huị, h̄r ist unregelmässig huiusmodi. ꝟ igitur, ꝯ videlicet, ꝫ oportet. Ueber ihs xp̄c s. oben; ēp̄c bleibt in älterer Zeit manchmal unflectiert, häufiger ist ēpi, ēpo, ēpm. sp̄s kann spiritus und
species bedeuten, doch ist letzeres gewöhnlich sp̄s; spät spiritualis (seltener sp̄uāl) und specialis. pbr presbyter, älter pb̄r und p̄nb. Häufig
vorkommende Wörter werden als leicht kenntlich stärker abgekürzt,
so habere: h̄t habet, h̄uit habuit etc. m̄a misericordia, kann wohl
auch miseria sein, was durch den Zusammenhang leicht zu erkennen ist.

gͬa gratia, gͭia gloria. d̅r dicitur, d̅n̅r dicuntur, d̅r̅ dictus. f̅c̅a facta.

p̅p̅m perpetuum, im Eingang päbstl. Privilegien PPOA. h̅n̅dat habundat.

eccta ecclesia, epta epistola, pn̅ia penitentia, pn̅ia philosophia, sn̅ia sententia, dito dilectio, sctm saeculum, r̅o resurrectio, o̅n̅t ostendit, r̅n̅d̅t respondet, 3hr contrahitur, g̅n̅s consequens, pn̅s praesens, ptes plures, p(lim) plurimus, n̅u̅9 numerus, di)a diversa . SSi dictandi , SS David. scz scilicet. sctm secundum; dafür aber fand ich im cod. Salem. IXᶜ von 1494: sc̅m (was sonst sanctum bedeutet), ßm., ß. und ß. Sonst auch s. XV. 2.]

Diese Beispiele mögen genügen, um das sehr einfache System zu zeigen, welches in guten Handschriften, wenn man auch den Zusammenhang beachtet, kaum einem Zweifel Raum läßt, abgesehen von den in philosophischen, jurist. medicin. etc. Hss. häufig vorkommenden terminis, welche ein eigenes Studium erfordern.

Im XV. wurde es üblich, die Endung klein oben zu setzen zum Zeichen dass davor etwas zu ergänzen sei, z. B. am̅a amavit, was oft verkannt oder übersehen wird. So auch n̅ nulla, q° prout, ui³ videlicet (während v3 für valet vorkommt), Lr legitur, Lo loquitur, ꝟ velud, ꝣ illud, ciͤ - citas, ꝟ ntes. Zu den aus scholast. Gewohnheit herrührenden Abkürzungen

gehören p̄² probatur, p̄p respondetur, p̄z patet, und ganz conventionell
aͬ maior, auch 2, 6ͤͬ minor, 6ᵐⁱ minus; auch über ein Wort hinausge-
hend 6ᵒͬᵗ minor probatur, v̄ɜ ut patet, nullͦ nullo modo, v̄ᵃ verbi gratia,
z° et hoc, q̄ɕ quod sic, z̄ᶜ et sic, z̄ᵘⁱ̈ˢ et sic de aliis, n̄ͦ non sic.

Eigenthümlich ist, dass im Berl. cod. Lat. fol. 174 im alten Inhaltsverzeichnis
oft wiederholt (s. XV.) ⫘ für Quot steht, durch diesen Strich von Quod
unterschieden.

7. Weglassung der Endung.

Das geschieht im Mittelalter nur, wo die Endung leicht und mit Sicherheit zu ergänzen ist; z. B. incarⁿ (nach griech. Art) incarnationis;
āⁿ ante, ūⁿ, v̄ⁿ unde, āp apud, cāp caput, aūⁱ und aūͭ autem, iⁿ in-
de, īͭ item, sonst auch iͭͫ, welches abusive auch für iterum steht; īͭ
inter, sīc sicut, und die Endung ēⁿ durch alle Casus (ensis); r̄ -runt, ū
vit. Dieses kann aber auch um und -uensis bedeuten, wie in iͧuaū Iu-
uauensis, wofür irrig Iuuaum gelesen ist.

———————

Schon alte Abschreiber haben durch falsche Auflösung der Abkürzungen grosse Verwirrung gemacht, so dass man durch Rückschlüsse die

richtige Lesung finden muss. Im cod. Colon. CCX s. VIII. steht u. a. fol. 129: mulieres

q: apre grecos praesbyteri (statt -rae) dicuntur. apre nos seniores — wo zweimal ap̄

apro statt apud gelesen ist. Oft sind gerade die kalligraphisch ausgezeich-

netsten die fehlerhaftesten. Sehr viele Hss. und durchgehends die Urkunden

sind aber fast fehlerfrei, und es kommt nur darauf an sie richtig zu lesen.

Man darf nicht glauben, was oft der Fall zu sein scheint, dass etwas von so ech-

ter mittelalterlich sei, je unverständiger und unverständlicher es aussieht; auch

nicht dass die Abkürzungen nach Laune und Willkür gesetzt sind: sie beruhen

auf ganz bestimmten Ueberlieferungen und Regeln, und müssen auch diesen

gemäss gelöst werden. Im Falle des Zweifels ist es immer rathsam, bei Walther

oder Chassant nachzusehen, auch das Wort nachzuzeichnen, wo bei wiederholter

Ueberlegung oft die richtige Lesung gefunden wird. Eine Auflösung, in welcher

die erkennbaren Elemente nicht passen, ist sicher, eine sinnlose wahrschein-

lich falsch, wenn die Hs. übrigens correct ist, und in den meisten Fällen

wird eine sorgfältige Construction auf den Sitz des Fehlers führen.

Worttrennung.

In dem Bellum Act. der Vol. Herc. steht nach jedem Wort ein Punct, wenn

diese ursprünglich sind. Dass man die Worte trennte, zeigen die Inschriften,

vgl. Suet. Aug. c. 87: non dividit verba. Gewöhnlich geschah es also. Die Praepositionen aber sind auch dort mit ihrem Nomen verbunden, was ebenso später
in der Regel geschieht; wenigstens bei den einsilbigen, und häufig auch bei
ut, ne, et u. a. m. Vgl. § 3 über idest. Bei Arndt t. 40 c. a. 800 werden auch kurze
Worte den vorhergehenden längeren angehängt. Andere Majuskelhss. haben
keine Worttrennung, und wo Puncta zwischen den Worten stehen, scheinen sie
immer von jüngerer Hand herzurühren; vgl. Suet. de ill. Gramm. c. 24: M. Va-
lerius Probus.... multa exemplaria contracta (corrupta) emendare ac distingue-
re et adnotare curavit. Bis ins IX. findet sich keine regelmäsige Worttrennung
durchgeführt; und unvollkommen bleibt sie in mancher Hss. bis ins XI. In Abschriften sind dann oft die Worte unrichtig verbunden und zerrissen, wie Mon.
Germ. S. XI, 3 spatii rannorum aus spatiis annorum gemacht vorkommt. Weitere
Verderbnisse sind die natürliche Folge. Vgl. Arndt t. 6, und Heraeus de cod. Liv.
Zuweilen ist dergleichen später durch Zeichen berichtigt, nach Pertz in Archiv
IV, 522 durch ÷ (saec. IX) über der betr. Stelle, später (Arch. I, 152) atuaidiuette, dépu.
Häufig ist in sehr alten Hss. wenn zwei Wörter mit gleichem Consonant zu-
sammenstossen, derselbe (und auch ganze Silben) nur einmal gesetzt, z. B.
hocaput statt hoc caput.

Ueber die alten Regeln der Wortbrechung und ihre Veränderung durch spätere Grammatiker handelt Th. Mommsen de Livii cod. rescr. Veron (Abh. d. Berl. Akad. 1868) S. 163–166. Zuweilen kümmerte man sich auch um keine Regel; so ist in den Pommersfelder Pandektenfragm. gebrochen q|uo, st|ichus u. dgl. Im cod. Fuld. (ed. E. Ranke) hat Victor Cap. a. 546 u. 547 nach der neuen griech. Mode geändert.

Bindestriche fehlen in ältester Zeit, sind aber oft später zugesetzt. Im August. Escorial. s. VI. stehen einzelne Puncte am Ende der Zeilen, Ewald u. Loewe t. I. Im Würzb. Palimpsest fand E. Ranke (Par palimps. p. IX.XI.) Puncte am Ende und auch am Anfang der folg. Zeile. Aus dem cod. s. VII. der Gesta Pontificum führt Pertz (Arch. V, 72) an :· und ·:· am Ende der Zeile, und sogar zwischen Substantiv und Adjectiv. Ein Strich am Ende der Zeile kommt bis ins XI. nur sehr selten vor, dann häufiger, und besonders im XII. auch am Anfang der folgenden Zeile, au-|-tem. Das fand ich einmal schon im cod. Colon. 143 s. XI. bei huius-|-modi.

Doppelstriche finden sich einzeln im XIV. und mehr im XV.

Interpunction.

Die ältesten Hss. haben gar keine; nur kalligraphische Bedeutung hat, dass der erste Buchstabe der Seite oder Columne sehr häufig grösser geschrieben ist. Nur Hauptabschnitte werden bezeichnet; im Fragmentum Livii (Sall.) ed. Pertz mit überhöhtem P(aragraphus): PQ. Im Vergil. Vat. 3867 steht ein Querstrich zwischen zwei Perioden: A S. Die griech. Weise, die auf ein Satzende folgende Zeile mit einem grösseren Buchstaben zu beginnen, hat den Abschreiber des Gaius irregeführt, indem er mit solchem Buchst. an falscher Stelle einen neuen Absatz begann; sie scheint sonst in Lat. Hss. nicht vorzukommen. Isidor Origg. 1, 21 sagt: Paragraphus Γ Γ ponitur ad separandas res a rebus etc. Die Zeichen sind natürlich in den Hss. verschieden. Γ, Υ; Γ bei Ewald u. Loax t.s. In Gregorii Pastorale aus Werden s. IX. ex. in Berlin findet sich das Zeichen

Ʒ x mit nebenstehender Zahl als Quaternionenbezeichnung, und ebenso auch am Anfang der Capitel (cod. th. lat. fol. 362). Westgoth. s. IX. findet sich Γ, sonst Γ, Υ, Υ, Γ, in der Regel mit rother Farbe ausgezeichnet. Später ist die gewöhnliche Bezeichnung auch kleinerer Abschnitte ein rothes C, auch ſſ.

Im Gaius finden wir für Rubrica Rſ, Pand. Flor. R. Ausserdem schon im IX. K, kapitulum. Häufig werden die Capitel durch Zahlen (im Codex von Sarezzano, hrsg. del sac. Guerrino Amelli, Mil. 1872, mit griech. Buchstaben Ā B̄ u.s.w.) und Ueberschriften, oft auch durch grössere Initialen bezeichnet.

Jüngere Uncialhss. haben allerhand Interpunctionen, doch ohne ausgebildetes System. Im cod. Lugdun. der Itala steht regelmässig am Schluss eines Abschnittes ⌐ ; im August. Escor. ꟼ als stärkere Interpunction etc. Die Grammatiker wiederholen die griech. Lehre von den drei Puncten: distinctio finalis (τελεία), media (μέση), subdistinctio (ὑποστιγμή). Donat. de posituris, Keil IV, 372; Diomedes L. Ⅲ p. 432, bei Keil S, 437. Isidor Origg. I, 19 wiederholt dasselbe, anknüpfend an die Namen der Satzglieder: Ubi enim in initio pronuntiationis necdum plena pars sensus est, et tamen oportet respirare, fit comma, id est particula sensus, punctusque ad imam litteram ponitur, et vocatur subdistinctio ab eo quod punctum subtus, id est ad imam litteram accipit. Ubi autem in sequentibus iam sententia sensum praestat, sed adhuc aliquid superest de sententiae plenitudine, fit colon, mediamque litteram puncto notamus, et mediam distinctionem vocamus, quia punctum ad mediam litteram ponimus. Ubi vero iam per gradus pronuntiando plenam sententiae clausulam facimus, fit periodus, punctumque ad caput literae ponimus, et vocatur distinctio, id est disiunctio, quia integram separat sententiam. — Diese Regeln wurden aber von den Schreibern wenig befolgt, wie wir auch aus Cassiodors Vorschriften für die Interpunction seiner Hss. als eine nicht gewöhnliche Sache sehen. Cass. Inst. div. lect. I c. 15 sagt: Sed ut his omnibus addere videaris ornatum, posituras, quas Graeci στιγμαι vocant, id est puncta brevissima pariter et rotunda et planissima singulis quibusque pone capitibus, praeter translationem S. Hieronymi, quae colis et commatibus ordinata consistit; quoniam illustrem et planissimam faciunt orationem, quando suis locis .... aptata resplendent. In der hier erwähnten Schreibart per cola et commata hat jedes Satzglied eine Zeile für sich; so ist der einzig erhaltene Rest Kais. Kanzleischrift geschrieben, und ausser einer Anzahl biblischer Majuskelhss. der cod. Reg. 6332 der Tusculanen (Ritschl, Kl. Schriften I, 89 vgl. 95) s. IX., Reg. Greg. I. s. IX (cod. Colon. 92, Arndt t. 43), Greg. Tur. s. VIII. (Arndt t. 13) u. cod. Fuld. ed. Ranke in etwas grösseren Absätzen, innerhalb deren die Satzglieder durch ° mit Zwischenraum getrennt sind. Ueber die eigenthümlichen Zeichen Cassiodors zu den Psalmen s. Reifferscheid, Wiener Sitz. Ber. 56, 507, Langemeister ib. 84, 527, Ad. Franz, Cassiodor S. 96, Arndt t. 49.

In Minuskel konnte man natürlich mit höher und niedriger gestellten Puncten nicht auskommen. Schon im VII. findet sich das System (von der Subdistinctio anfangend): ꝫ ꝯ. Am Schluss kommt noch im Col. 98 s. VIII nach grösseren Abschnitten ꝶ vor. In irischen Hss. nach F. Keller : ⁖ ꝯ :. Dagegen bildete sich in der karol. Schule das System aus ! . ꝫ (der ꝯ)

s. Alcuini ep. 85 (CXII p. 459 Jaffé); Summa Ludolfi ed. Rockinger, Quellen z. Bayer.
Gesch. IX, 369, Summa Conradi de Mure ib. p. 443; Thomas Cap. bei Hahn, Coll. mon. I, 293.
Sie werden bezeichnet als suspensiva, constans, finitiva. Davon ist ! ein wenig
stärker als unser Comma — es stört sehr, wenn es in Abdrücken durch ! wie-
dergegeben wird — und · nicht ganz so stark wie unser Semicolon. Alter und Ursprung des ! sind ganz dunkel: es kommt im Hamilton Purpurevang. und im
Utrechter Psalter vor.   Dazu kommt das Fragezeichen ∾, ꙿ, ꙿ, ꙼.
Im Zgb. steht auch über dem Wort, mit welchem die Frage beginnt, ein ∾,
am Schluss ꙿ. s. Mon. Germ. SS. VII t. 3, Dümmler, Auxilius und Vulg. S. 52, Arndt
t. 7. Hartmann Schedel s. XV ex. setzt ein ähnliches Zeichen als Ausrufungszei-
chen über das betr. Wort: Angelina, u. aehnlich ein humanist. cod. Goth. c. a. 1500.
   Ausführlich handelt über die Interpunctionen, mit Berufung auf Isidor, R.
Baco, Opus tertium p. 248 ss. Vgl. auch Pertz im Arch. IV, 521. Ueber die bei verschiedenen Orden übliche Punctation für musicalische Recitation, mit flexa, mediatio
oder metron, und finale, s. Denifle in d. Zeitschr. f. Kath. Theologie VII, S. 706–728, mit
Zurückweisung der Vermuthungen von Hirsche in dessen Ausgabe des Buches de
imitatione Christi, Berl. 1874.

   Anführungszeichen finden sich früh und häufig in verschiedener Form

vor den Zeilen, in welchen Textworte angeführt sind: ꞏ , ꞏꞏ , ꝯ , ꝯ , ꝯ' , 'ꝯ ,
Arndt ꞏ.5. In einer irländ. Evangelienhs. ꝯ vor jeder Zeile roth, und auch
Gruppen von ∴ (roth) zur Ausfüllung unvollständiger Zeilen, Anzeiger
d. Germ. Museums 1869 Sp. 293, Revue Celtique I, 31. Einfache Striche (Commata)
ꞏ , ꞏ , kommen zuweilen vor und werden vom XIII. an häufiger. Klammern
( ) sind im XV. häufig.

Umstellungen werden durch verschiedene Zeichen angedeutet, so im
Gaius PEREG.* howo, homo peregrinus. Sonst ͣeͦs ᷑or eos ad, bei Victor Cap.* a.-,
oft durch übergesetzte Buchstaben.

Bei ausgelassenen und am Rande nachgetragenen Stellen steht in Liv. palimp.
ps. Taurin. im Text und am Rande h͞s (hic scribas, oder supple), im Prudent. (Ul. Robert, Mélanges Graux p. 411) im cod. Cass. 150 s. VI, Colon. 212 s. VII, August. Lucror. a. 669
cod. Full. tab. 5.
h͞d (hic deest) und am Rande h͞s, im cod. can. Corb. s. VI (Paris. 12097, N. Traité VI, 299
n.) h͞d und h͞l (egas), in codd. Col. 166 s. VII, 184 s. IX, 197 s. XI. und im merov. Eug. bei Delisle
Notice p. 15, h͞d und h͞p (omes), in Lindisfarne Gospels, Col. 192 s. XI, Transl. S. Dionysii s. XII (Monac. 17142) ꝺ und ꞩ, Arndt ꞇ 51 a. 1163 ꞇ und ꞩ. Sonst werden Ein-
schaltungen so wie auch Correcturen, Varianten und Scholien durch Buchstaben
und vielförmige Zeichen an ihren Platz gewiesen, s. über eine Hs. s. XI. aus Gorze,

wo die Folge der Buchstaben Wörter bildet, Neues Archiv IX, 201. Ein, oft weit aus

einander gezerrtes, vacat am Rande, oder übergeschrieben (Arndt t. 51) zeigt an,

daß eine Stelle nicht gelten soll, oder auch nur, daß ein Abschreiber sie zu über-

gehen hat. Im Psalt. quadripart. Paris. 2195 (Pal. Soc. 156) bezeichnet X dñe : — ein

Wort der versio Gall. welches in der Rom. fehlt (asteriscus und obelus) cf. praef. Hieron.

Ueber obelus, –, am Rande s. Riese Anthol. I p. XXXI. Im Sanctgaller Orosius steht

÷ vor doppelt geschriebenen Zeilen, im cod. Colon. 193 s. X. ÷ vor Stellen und Zeilen,

die am falschen Orte stehen oder ganz ungehörig sind. Corrupte Stellen be-

zeichnet auch ÷, ÷ und ÷ am Rande, s. Ranke zum cod. Fuld. p. XI. Das 'zeta

quod est vitii signum', wie Paulus D. in dem Brief an Adalhard von Corbie

sagt, in der (verlorenen) Abschrift von Gregorbriefen, hat P. Ewald gefunden im

cod. Colon. 92 s. VIII. als ⱬ , ⱬⱬ , auf f. 136 viermal neben einander, f. 139' ⱬ⳨,

f. 41 ⱬⱬⱬⱬⱬ , und im Düsseld. Cod. derselben Briefe s. IX. einfach und deut-

lich als ⱬ , ⱬ. Nach F. Ruess Ueber die Tachygr. der Römer S. 29 ist das

Zeichen –b wird durch ⱬⱬ erklärt, häufig im Brev. Alar. (Monac. 22501)

und kommt auch in anderen Hss. öfter vor. Auch im liber Armachanus

s. IX inc. nach Hogan, Anal. Boll. I, 532, neben einem anderen Zeichen h oder lu.

Sehr häufig zeigt ꝶ ,⳽ , ⸗ am Rande an, daß etwas nicht in Ord-

rung oder zweifelhaft ist, ausgeschrieben im Sanctgaller Orosius require, und
im cod. Colon. 204. Ekkehart IV schrieb im cod. S. Gall. 174 der Briefe Augustins s.
IX: Liber optimus, nimis autem vitiose scriptus. Hunc ego quidam corrigere per
me, exemplar aliud non habens, si poteram temptavi. ergo ubi minus potui rt
litteram apposui.

Als bemerkenswerth werden nach Isidor Orig. I, 20, 22 Stellen durch das
Chresimon bezeichnet. Das findet sich als ⳨ im August. Escorial. Ewald u. Loewe
t. I) im cod. S. Galli 48 (Antiquissimus evang. cod. ed. Rettig 1836 p. XLI), im Maihinger
Boethiuscodex nach Schepss Studien S. 13, im cod. Col. 210 s. VIII. häufig, im Col.
200 s. X. wechselnd mit r in derselben Bedeutung. Noch im Berl. cod. Lat. f.
360 s. XII vel XIII. aus Liessies steht am Rande häufig, abwechselnd mit und
anderen Monogrammen von Nota, an einer corrupten Stelle.
Im cod. Col. 212 s. VII. finden wir
wo man den Uebergang zu
⳨ sieht, welches vielleicht hieraus entstanden und dann anders erklärt
ist, auch, wie es scheint, manchmal nur die Bedeutung von Nota hat. Auf einem älteren Blatt s. VI. in ders. Hs. steht am Anfang einer Inhaltsangabe ---
IN. Hier möchte man an zweiter Stelle Rubrica lesen, an erster

das Monogramm von Christus sehen, als welches irrthümlich das Chresimon, ausgesprochen Chrismon, erklärt wurde. Man übertrug diese Benennung dann
auch auf das verzierte C am Eingang von Urkunden. Nach Mittheilung des
Prof. Schum findet sich im cod. Friburg. Durch. Worm. s. XI. ; im cod. Col.
185 s. X. steht oft am Rande . Da haben wir also eine Ver-
schmelzung des Chr. mit dem später überaus häufigen Mo-
nogramm für nota in mannigfaltiger Bildung, durch welches das verdrängt wurde.

Getilgt wurden Buchstaben und Wörter durch Ausstreichen: $\overset{vm}{\text{CON}}$, durch
kleine Striche oben: $\overset{\cdot}{\text{sü}}$, $\overset{\cdot}{\text{qûe}}$, durch Puncte in und zwischen dem Buchstaben
im Merobaudes s. V. (Exempla t. 81), durch Puncte über den Buchstaben (s. Jaffé zum
Schlummerlied, Zeitschr. f. deutsches Alt. VIII, 499 Aam.). Victor Cap. tilgt durch solche
Puncte, und ganze Stellen durch ⊖ am Anfang und am Ende. Am häufigsten
wird getilgt durch Puncte unten i.n. oder oben und unten aß (as), oder durch Un-
terstreichen. Im cod. Neap. Gest. Pontiff. felix (Arch. V, 72), bei Unsicherheit wird,
wie W. Arndt bemerkt, die Correctur nur angedeutet, so in V. Ott. Bab. (Jaffé
Bibl. V, 805 n. a) uerania (al. ucr.). Nach Siméon Luce (Bibl. de l'École des ch.
IV, 4, 360 – 303) stehen in einem frz. Ms. s. XIII. Puncte unter d und s, wo sie nicht

ausgesprochen werden sollen.

Viele Hss. sind ganz nachlässig interpungiert, nur mit sehr willkürlich gesetzten Puncten; doch ist zur Zeit der fest ausgebildeten Minuskel die Interpunction in der Regel sehr sorgfältig, oft vom Vf. (z.B. Leo Ost.) oder Corrector verbessert oder erst hinzugefügt. Abt Wilhelm von Hirschau s. XI. ließ die Hss. der Bibl. corrigieren 'et ad antiquitatis regulam per distinctiones, subdistinctiones et plenas distinctiones emendando perducere'. V. Theogari c. 9, Mon. Germ. SS. XII, 457. Nach dem XIII. wird die Interpunction nachlässiger (doch nicht überall), beschränkt sich oft auf Commata und Puncte, oder fehlt auch wohl ganz. Die Humanisten haben dann, wie die Schrift, auch die Interpunction hergestellt und Tractate darüber geschrieben.

Längen und Kürzen sind bezeichnet in den Versen bei Ewald und Loewe t. 22. Ich fand im Priscian cod. Colon. 200 z.B. tār. lārī̆ſ. Accente zur Anleitung des Lesers finden sich schon im IX., vorzüglich in Büchern welche zum Vorlesen bestimmt waren wie Legendarien, ' und ʌ. Namentlich wurden auch die Praepositionen á und é, gewöhnlich mit dem folgenden Wort zusammengeschrieben, zur Unterscheidung so bezeichnet. Die Pomp. Wachstafeln haben ó zur Bezeichnung des Ablativs.

Wegen der musicalischen Notation begnüge ich mich auf C. Paoli's Programma (1883) S. 34 f., S. 27 der Uebersetzung von Lohmeier (1885) zu verweisen.

Zahlen.

Wegen der röm. Zahlen in älterer Zeit und der Minutien für Brüche verweise ich auf G. Friedlein: Die Zahlzeichen u. das elementare Rechnen der Griechen und Römer u. des christl. Abendlandes vom 7. bis 13. Jahrh. Erlangen 1869. Minutien von Meinzo praktisch angewandt s. XI. Neues Archiv V, 202–206. Im früheren Mittelalter sind die Zahlzeichen in der Regel (aber nicht westgoth.) von Puncten eingeschlossen und dadurch kenntlich gemacht. In merow. Hss. überragt oft einer der Einer, besonders der letzte, auch werden sie unter einander verbunden: ₂IIIIj = 9, IIIII 54, ΙΙ 2. Später finden sich häufig zwei Einer zu u verbunden: Dcccxluu 844. Der letzte Strich wird sehr oft unter die Zeile verlängert ·vıj. Die Endung wird häufig übergeschrieben: ii secundo, von quinto und vero nicht zu unterscheiden; iiii quatuor; x̄ decem, iiij quartō. ōx. c̄c. x̄vij. ij. x̄c. xxvj. In franz. Urk. iiij quatre-vingts u. s. f.   Für V kommt bis ins IX. häufig u, ↄ, ↄ vor, später seltener, doch hat ein Berl. Cod. s. XI. noch immer ↄↄ für die Zahl 5, und Rumpf im Frankf. Gymn. Progr. S. 4 weist u für 5 in einem cod. s. XII. nach.

Vielleicht dem Griech. entlehnt ist das Zeichen für 6, welches ich zuerst in den Siebenb. Wachst. finde ç, ʯ, ʃ, bei Victor Cap. ʠ, im cod. Marii (Arndt t. 16) ʠ, im cod. Colon. 212 s. VI. ʠ, ʠ, merow. (häufig) ʠ, ʠ, ʠᵐ cod. Luxov., in einer ital. Hs. s. VI. ʠ. Dann verschwindet es.

Im cod. Colon. 186 s. IX. ist häufig für 30: ⅩⅩⅩ. Für 40 westg. Ⅹ.

Die Zahlbuchstaben folgen den gewöhnlichen Veränderungen der Buchstaben, z. B. D, ð, ẟ, ð.

In den Ann. Sangall. von 956 sind die griech. Zahlzeichen ϡ, ш, ↑, angewandt für 700, 800, 900.

Tausend ist im VII. ∞, sonst M, ᗰ, ᴔ etc. westg. ⊤, vielleicht entstanden aus der auch nicht seltenen Form T̄, T̄T̄ etc. Im cod. Marburg. D 38 ist um 1480 eingeschrieben ᗰᗰᗰ) l. 30000, X̄ f. centum milia.

Ueber ⊂⊃ in röm. Zeit f. 500000 s. Th. Mommsen im Hermes X, 472.

Für ½ steht S (semis) in Pomp. Wachst. u. Inschriften, u. noch im IX. LXIIS 62½. Später ƶ, ꭒ, iĩⱼ 2½, iĩᵍ andurhalbhundert, wie denn auch sonst Hunderte durch übergeschriebenes ᶜ bezeichnet werden. X̄ ist 4½. Vgl. über eine Urk. von 1182 Ermisch im Anzeiger des Germ. Museums XXIV, 262. Daselbst Sp. 1–7 hat Th. Pyl nachgewiesen, dass in Baltischen Stadtbüchern s. XIV. häufig ꝗ, ꝗ für 50 vorkommt. In der Hallischen Lehnstafel von 1656 ist ✕ 9½, ✕ɓ 14½, ✕✕ und ✕✕ 19½. In Siebenbürgen s. XVI. ist (bei arab. Ziffern) ÷ ½, s. die beiden Blätter mit Zahlzeichen in: Rechnungen aus dem Archiv der Stadt Hermannstadt, s. 1880.

Die besonderen Zeichen für Geldwerthe in den Auszügen ex thomis Lat. bibl. bei Deusdedit hält Stevenson für röm. Zahlzeichen in Cursivschrift, Arch. della Soc. Rom. di storia patria VIII, 389. Ueber die Bezeichnung der Taxe in Bullen (✕ 20, ⅴ 3) s. Diekamp, Mitth. d. Oest. Inst. IV, 509, Ottenthal ib. V, 138.

Ziffern.

In Betreff der arabischen, richtiger indischen Ziffern scheint festgestellt zu sein, dass das betr. Cap. von Boethius Geometria mit den apices ein Zusatz des 10. Jahrh. ist. Dass die Ziffern am Hofe Karls d. Gr. bekannt waren, ist möglich, aber nicht erwiesen. Durch Gerbert sollen im Abendland die Gobar-Ziffern mit Namen arab. Ursprungs bekannt geworden sein; s. die Formen zusammengestellt bei H. Hankel: Zur Gesch. d. Math. (1874) s. 325. Aus dem span. cod. Vigilanus von 976 P. Ewald im Neuen Archiv VIII, 357. In den Memorie dell' Accad. dei Lincei, Classe di scienze fis. ecc. 1877, hat Enr. Narducci ein Blatt aus einer Hs. s. XII. ex. bekannt gemacht, wo diese apices in wirklicher Anwendung und mit Positionswerth vorkommen, aber für 10 ist x gebraucht. Die Florent. Chronik des Laurentius presb. s. XV. inc. sagt von P. Rupert: qui in Lombardiam veniens nihil boni fecerat. Unde Florentini dixerunt eum illustrissimum zerorum zero. Aber mathematisch ist die 0 (arab. zifra, ital. zefiro, zero) sehr wichtig, u. sie wurde erst im XII. bekannt durch die Uebersetzung der Arithmetik, welche Mohammed ben Musa aus Kharizm, deshalb Alkhârizmi genannt, für den Kalifen Al Mamun (813 – 833) verfasst hatte. Man nannte sie liber algorismi. Fruchtbar für die Wissenschaft wurde das Decimalsystem erst durch die Schriften des Leonardo Fibonacci aus Pisa, von 1202 an, der als Kind bei seinem Vater, pisan. Douanier zu Bugia, mit den indisch arabischen Lehren bekannt geworden war. Gebraucht finden sich die Ziffern jedoch schon durchgängig bei dem Computisten von 1143 im cod. Vindob. 275, s. Sickel, Sitz. Ber. d. Wiener Akad. 38, 171; Facs. Mon. Graph. VIII, 16. Angeblich dem XI. angehörige Ziffern im Maglicol. VII, 17 sind von C. Paoli dem XIV. zugewiesen im Arch. stor. Ital. 1881. In einer Regensb. Hs. von Ende XII. sind sie wechselnd mit röm. Zahlen, s. Boehmer, Fontes Rer. Germ. III p. LXV, Mon. Germ. SS. XVII, t. Fasc p. 184. Von da an finden sie sich hier und da gebraucht, häufiger jedoch nur in mathematischen Werken. Anf. XIII. schreibt Boncompagnus in seinem Boncompagnus I c. 23 (cod. Lat. Monac. 23499 f. 12 v) folgendes Briefmuster: Sepe in-

ducor dominacioni vestre pro illis rogamina porrigere · a quibus numquam recepi servicium vel honorem · quare deinceps in fine litterarum quas penes vos exaudiri optabo · sigillum Salamonis depingam · In aliis vero faciam unum cifra · ut per hoc intelligatis quia non curabo · si preces non sorciuntur effectum · Et nota quod huiusmodi signa possunt fieri et variari · prout fuerit ordinatum · Den Florentiner Geldwechslern wurde 1299 die Anwendung der Ziffern verboten, Arch. stor. Ital. App. III, 528. Die Statuten der Univ. Padua l. III c. 24 schrieben dem Stationarius vor, ein Verzeichnis der verkäuflichen Bücher zu haben · cum nomine venditoris et quantitate precie, non per cifras, sed per litteras claras · Im Rechenbuch des Frankfurter Rathes kommen Ziffern zuerst 1494 vor, aber auch schon Invocavit der Beschluss: Item sollen die rechenmeister sich hinfur mit zyffern zu rechen massen. Da verschwinden sie bis 1546. Kriegk, Deutsches Bürgerthum, N. F. S. 83 u. 361. Ein Ulmer Grabstein mit **1388** im Anzeiger d. Germ. Museums XXIII. (1876) Sp. 35. Die für einige Ziffern ziemlich verschiedenen Formen stelle ich zusammen aus: 1 einer Salzb. Hs. jetzt Vat. 1890, s. XII. nach Pertz' Archiv V, 160 u. tab. I, 4. 2 Catal. de M. Libri von 1859 p. 145 n. 665: Mathematici veteres um 1170(?) pl. 24. 25. 3 der oben erwähnten Regensb. Hs. cod. lat. Monac. 14733. 4 Heidelberger

Hs. aus Salem IX,23 von c. 1200, vgl. M. Cantor, Zeitschr. f. Math. u. Phys. X,1.

5 Hs. in Siena s. XIII. Anz. d. Germ. Mus. XVIII (1871) Sp. 261, 2. Reihe. 6 Hs. in Sigmaringen von 1303, s. Anz. d. Germ. Mus. XIV (1867) Sp. 239. 7 cod. Berol. Lat. fol. 322 von Ende XIV. 8 cod. Pal. Germ. 342 in Heidelberg s. XV.

1	2	3	4	5 (XIII)	6 (1303)	7 (XIV/XV)	8 (XV)
1	1,1	1	1	1	1	1	1
2	2,2	2,2,2	2,2	z	z,2,2,2,2	2	2
3	3,3	3,4,5 (40 30)	3,3	z	3,3	3	3
4	8,4	4,4,4	4	4	4,4	4	4
5	4,4	4,4	4	4	4,4	4	5
6	6,6	6	6	6	6	6	6
7	1,1	7,1	1	7	1,1	1	7
8	8	8	8	8	8,8	8	8
9	9,9	9	9,9	9	9,9	9	9
0	0,0	0	0	0	0,0	0	0

Es kommen noch mancherlei abweichende Formen vor. Beispiele aus Inschriften und Siegeln im Anz. d. Germ. Mus. v. 1861, Sp. 46 f. 1863 Sp. 324. In der daselbst 1867 Sp. 161 beschriebenen Hs. Salem IX c u. d von Ende XV sehen wir

den Wechsel der Formen, da Schreiber und Miniator verschiedene gebrauch-
ten und unter einander gleichzeitig geschrieben ist .1.4.9.4. u. .1295. [mit 1292 und 1294 darüber]

Ein anderes System, welches ostarabisch sein soll und nach Bagdad
weist, findet sich bei W. Schum, Exempla codd. Amplon. n. 13 aus einer
Hs. XV. exeuntis : 1 ρ μ (auch ρ, τ) ℒ θ 4 v 3 ρ o
Dass. cod. Berol. Lat. f. 307: 1 ρ μ   ſ   Β 4 v 9 9 o
» fol. 6; fol. 9 v. 10: 1 ρ μ   ſ   Β 4 v 9 9 o
       fol. 28 : 1 ρ 3   ſ   Β 4 v 9 9 o

Die Hs. s. XII. inc. ist von Bethmann in Pertz' Archiv VIII, 332 beschrieben; die Zahlzeichen sind astronom. Tabellen entnommen.

Ganz anders geformte sog. chaldäische Zahlzeichen aus einer Turiner
Hs. s. XV. s. im Neuen Archiv XI, 272.

Ein ganz eigenthümliches System ist mitgetheilt Archaeologia X, 373
aus einer Hs. s. XIV. neben den gewöhnlichen Ziffern: . .. ∴ :: Ɔ Ɔ. Ɔı
Ɔ: o o o. ot u. s. w. ꝏ 20, ꝏ 30.

Im Catal. Burney p. 6 steht aus dem cod. 25 s. XV : 'notantur omnes libri
sacre biblie, et quot capitula quilibet liber continet, que rubee figure
algorismi supra scripte demonstrant.'

Bemerkenswerth ist noch die Vermischung der römischen Zahlen mit den Ziffern. Zu den im Anz. d. Germ. Museums 1876 Sp. 35 gegebenen Beispielen verwies mich der Fürst Hohenlohe-Waldenburg auf einen einen Grabstein in dem Werke von Walz: Die Grabdenkmäler von St. Peter u. Nonnberg zu Salzburg, 3. Abth. n. 116 mit den Jahrszahlen 1.4.LXIII. für 1463, 1.4.LXX. für 1470, 15.6 für 1506. Hier fehlt die Null, welche auch Joh. Butzbach ausliess, Stettini Opera ed. Boecking VII, 438. Er schrieb auch 15 xp (1510). m°cccc°6° finde ich im cod. Magdeb. 125, .M.CCCC.^ im Siegel des Plebans Joh. von St. Moritz in Augsburg bei Libri, Mon. inédits, pl. LII. mcccc 33 u. mill. cccc 29 aus Siebenb. Einzeichnungen bei Fr. Teutsch, zur Gesch. d. Deutschen Buchhandels in Siebenbürgen (Archiv f. Gesch. d. Deutschen Buchh. IV) Anm. 12 u. 25. M. 456 in der Subscription einer Hs. des Vinc. Cracov. bei Zaisberg, Poln. Geschichtschr. S. 67. m.cccc.61 im Catalog der Burney Manuscripts p. 54. m.cccc.8n. d.i. 1482, im Rostocker Necrolog ed. Krause, Progr. von 1875, S. 9. 9°uy° f. 1494 im Lilienfelder Necrolog ed. Zaisberg S. 143. m.ccc.99 im Serapeum XVI (1855) S. 343. Jyojj für 1511, Neues Archiv VII, 214. Nach freundlicher Mittheilung des Prof. Pyl steht in der alten

Wolgaster Bibl. auf der Univ. Bibl. in Greifswald n. 456 für
1503 : ⅰⅮჄჳ , welches an einigen Stellen durchstrichen und dafür
gesetzt ist 1503. In n. 6424 ist gedruckt Ⅰℚ ΛΛ , in n. 514
aber MXVX für 1510, in n. 910: 15013 (1513), in n. 625 mit der
Stellung arabischer Ziffern für 1496: MCCCC IX VI.

Oben ist am Schluss des Buchstaben O die Bemerkung
ausgelassen, dass für œ schon in Aelfrics angelsächsischer Schrift
wiederholt vorkommt ф: Miscellanea Graphica. Antiquities in the possession of Lord Londesborough (1857, 4°) p. 12. In
nordischen Sprachen gebräuchlich, findet es sich schon Mitte
XIV. auch in niederdeutschen Stadtbüchern. Vgl. F. Crull:
Die Buchstaben ф und ҳ in Wismarer Stadtbüchern etc.
des 14. Jahrhunderts, im Jahrbuch des Vereins für niederdeutsche
Sprachforschung 1877.

Erklärung der in der Autographie gebrauchten Abkürzungen.

Als Bezeichnung der Jahrhunderte sind römische Zahlen ohne Zusatz gebraucht. Sonst ist gesetzt:

Ags. für Angelsächsische Schrift, s. S. 31.

Cap. Capitalschrift, s. S. 1.

Curs. Römische Cursive, s. S. 14.

Herc. Volumina Herculan. s. S. 2.

Halbunc. Halbuncialschrift s. S. 26.

Irisch, s. S. 28.

Kais. für die Schrift der Kaiserrescripte,
   s. S. 15, meistens verkleinert.

Karol. s. S. 34.

Lgb. f. Langobardische Schrift, s. S. 18.

Max. f. die Schrift des B. Maximin, S. 16.

Min. f. ausgebildete Minuskel, S. 38.

Nat. f. d. Nationalschriften, S. 17.

Paebst. Bullenschrift, S. 20.

Pomp. Wachstafeln, S. 14.

Pomp. Wandschriften, S. 14.

Quedlinburger Itala, Cursive, S. 16.

Rav. Papyrus-Urkunden S. 16.

Siebenbürger Wachstafeln, S. 14.

Unc. f. Uncialschrift, S. 4.

Victor Capuanus, S. 16.

Westgothisch S. 21.

www.ingramcontent.com/pod-product-compliance
Lightning Source LLC
Chambersburg PA
CBHW030631270326
41927CB00007B/1396